How To trade in Stocks

彼得·林奇、索罗斯 点评版

股票大作手操盘术

[美] 杰西·利弗摩尔 ◎ 著

荣干 ◎ 译

立信会计 出版社
LIXIN ACCOUNTING PUBLISHING HOUSE

图书在版编目（CIP）数据

　　股票大作手操盘术/(美) 利弗摩尔著；荣千译.
--上海：立信会计出版社，2016.2
　　（去梯言）
　　ISBN 978-7-5429-4847-2

　　Ⅰ.①股… Ⅱ.①利… ②荣… Ⅲ.①股票交易—基
本知识 Ⅳ.①F830.91

　　中国版本图书馆CIP数据核字(2015)第288289号

策划编辑　　蔡伟莉
责任编辑　　蔡伟莉　秦思慧
封面设计　　久品轩

股票大作手操盘术

出版发行	立信会计出版社		
地　　址	上海市中山西路2230号	邮政编码	200235
电　　话	（021）64411389	传　真	（021）64411325
网　　址	www.lixinaph.com	电子邮箱	lxaph@sh163.net
网上书店	www.shlx.net	电　话	（021）64411071
经　　销	各地新华书店		

印　　刷	北京彩虹伟业印刷有限公司		
开　　本	720毫米×1000毫米	1/16	
印　　张	10.25	插　页	2
字　　数	113千字		
版　　次	2016年2月第1版		
印　　次	2019年8月第7次		
书　　号	ISBN 978-7-5429-4847-2/F		
定　　价	29.00元		

华尔街没有新事物，因为投机像山岳一样古老。股市今天发生的事情以前发生过，以后会再度发生！

——杰西·利弗摩尔（Jesse Livermore）

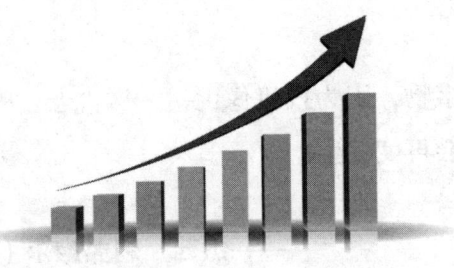

股 票 大 作 手 操 盘 术

他是20世纪华尔街的神话，是每一个投机客都难以越过的股市丰碑，每一代投机商都或多或少从他的生平中汲取自己需要的营养，他就是杰西·利弗摩尔。你可以假装没看见他，你可以不喜欢他，但你不能略过他。

——全球最佳基金经理 彼得·林奇

不管是经济繁荣还是经济危机，都成为一小部分人暴富的舞台，利弗摩尔就是其中一个。

——金融大鳄、投资大师 乔治·索罗斯

度过了数次的破产和崛起之后，杰西·利弗摩尔总结出一套持续获利的策略。最重要的是，在自己的书中，他没有丝毫隐瞒，他坦诚相见。

——证券之父 本杰明·格雷厄姆

他（利弗摩尔）试图让市场跟着他的意愿走，而不是等待市场自然地转势。

——投资大师 江恩

即使利弗摩尔不名一文，只要经纪商给他一点点贷款，把他关在只有报价机和电话的房间中，在市场中奋斗几个月后，他又会再富起来。

——金融评论家 爱德华·J.戴斯

当时他雇佣40名"统计员"作为助手，在没有计算机的情况下，对下跌和上涨的股票家数进行计算。在他们广泛选取的1 002只股票中，有614只同一时期下跌，只有338只上涨，所以尽管工业指数成分股涨势喜人，利弗摩尔感到大事不妙，赶紧走人（逃过了1929年股市崩盘）。

——《金融心理学》作者 拉斯·特维德

伟大优秀操盘手的"护城河"

刘海亮[1]

当立信会计出版社即将出版的《股票大作手回忆录》及《股票大作手操盘术》这两本书稿整齐地呈现在我面前时，其实我是不愿花时间去读的。因为我之前曾多次读过这两本书的中英文版，不但十分推崇，而且

---

[1] 刘海亮，南开大学经济学硕士，1992年期货行业在大陆复苏开始便投入其中，至今20年有余，有深厚的理论功底和丰富的实战经验，除国内证券期货外，还直接参与过外盘的实盘操作，业绩不凡；更深度观察无顶尖操盘手无数，总结出成系统的如何成为一名优秀操盘手的素养论。他的期货理论来自实战，集各家之长又自成体系，兼具思想性和实用性。在中国证券报、期货日报等主流财经报刊发表过大量文论，深受好评。现任职于北京东方盛悦投资管理公司。著有畅销书《从一万到一亿：证券期货之老鬼真言》。

还多次行文推荐。因此，我觉得重读这两本书并不是当务之急，草草浏览一下就足够应付差事。但没想到这一浏览，几个小时就过去了，再后来，我居然开始仔细地读了。究其原因，还不完全是因为内容，因为这些内容我早已熟稔于心。吸引我的一个直接原因，还是荣千的译笔之工：不但有别于不少图书庸常的翻译腔和硬译，而且在整体审美传达上也堪当"信、达、雅"之誉。

利弗摩尔是一个游离于投机天才和精神病患者之间的绝世高手，是股市里的坏孩子。这个有着悲剧英雄色彩的人物长期痴迷于交易，有大瑕疵但更有真性情，言辞行为哲学而感人。所以他才会比永远正确的股神们耐看，就像李世石的棋比李昌镐的好看一样。这个胆大包天到"卖空美国"的人，在股市大崩盘中"恶意做空"，赢利一度相当于全美国年GDP的2%，但他那近乎爆仓止损法的另类风控习惯在最后一次击溃了他，并在最终繁华落尽后用一颗子弹将其斩仓。

《股票大作手操盘术》是利弗摩尔亲手所撰，《股票大作手回忆录》则同出自财经名记李费佛的手笔，可以说是小说版的《股票大作手操盘术》。这两本书为什么能穿越时空畅销几十年，原因远不止好看那么简单。近一个世纪悠悠而过，期间能称得上股神的作手们都对这两本书盛赞有加，连索罗斯、彼得林奇、巴菲特及其师父、师爷也是如此。甚至，巴菲特还指定其为股市赢利必读书："读再多的投资书籍也不见得就真能笑傲股市，但是连利弗摩尔都没有读过，赢利基本上等于妄谈。"

对普通投资者来说，许多人倾其一生也达不到利弗摩尔的思想高度和实战水平，但阅读这两本追踪交易员心路历程的巨著，可以引领我们更加清晰地认识市场，认识自我。利弗摩尔的成功以及失败都是对投资者最好的启示，正如书中所说的那样，要想在投机市场长期生存，天分、勤奋和自我管理，缺一不可。

投资者的经验都是用真金白银换来的，所以为了使自己少走些弯路，我们还是应该认真学习前人的经验和告诫。有意思的是，因为过早做空而二度破产，利弗摩尔当时甚至认为自己不是做交易的料；就连这个天才也这么想过，所以普通的交易者大可不必对重复犯错过于介怀。投机交易是让人上瘾的危险游戏，市场一定会用各种方式证明大部分人是错的。人们常说，不要在同一个地方跌倒两次，但对投资者，包括利弗摩尔这样的天才来说，这句话基本上就是笑话，谁没有在同样的场景下反复亏损过？

利弗摩尔的四次破产乃至最后自杀都与他的交易理念无关，所以我们大可不必因人废言。他第一次破产是被"对赌行"的规则所害，第二次破产是因为过早放空，第三次是逆市重仓投入了棉花期货，而最后一次破产，则完全是因为他树大招风，在市场大幅波动中乱了章法。

利弗摩尔在交易方面的天才，没有人能够望其项背，但他的缺点却更是致命。一个天才最终赔掉身家性命的凄美悲剧，正说明了投机市场上稳定赢利的可贵，哪怕收益率并不那么高。因为他的人性弱点，利弗摩尔的结局似乎已经注定了，例如，在市场上屡次得手后，这个当年的穷小子变得比所有的富豪都奢华：曼哈顿的公寓、长岛和欧洲的别墅、私人火车车厢和私家飞机，这还不算，他还有多名情妇，并和妻子公开闹离婚。正因为这种种不检点，这个在大股灾中睥睨全美的交易员之后没几年便赔了个

精光。不过，就像文王演周易、孙子写兵法一般，他在人生最低谷时写出
了《股票大作手操盘术》一书。负债出书后不久，他留给这个世界最后一
句话是："我的一生是一场失败。"这是他个人的不幸，但却是后来者的
幸事，因为谁的财富最终都将归于泥土，而他留下的思想却是长远的。

所以，利弗摩尔最后落败的主因是人性，而不是他的交易理念和方
法。市场调研发现，品行不好的人一般都成不了好的操盘手，原因是投机
市场的奖惩是浓缩的，市场会用资金倍增的方式奖赏"好人品"，比如谦
卑、自律、勇敢、刻苦、忍耐、冷静，同时也会加倍惩罚"坏人品"，比
如贪婪、恐惧、冲动、浮躁、自大、懒惰。由于这种正负能量的轮回，久
而久之，操盘手的好习惯会被强化，坏习惯会被克服，然后好习惯也会被
不知不觉地套用到日常生活中，他们的人品自然也就会越来越好了。情场
得意，赌场失意这句话，平时我们只是当笑料说说而已，但在投机市场里
还真的是这样，如果你天天过得声色犬马，一定会影响到交易心态，心
态一乱，市场之耳光立刻就会抽到你的脸上，利弗摩尔的经历就是一个
明证。

持久的伟大才称得上真正的伟大，所以我不愿承认利弗摩尔是伟大
的，而愿意承认他是不世出的。做投资不只是依赖知识的积累和分析能力
的提高，甚至操盘经验也不是全部，而拥有好的人品则是不可或缺的。交
易的真理往往很简单、很朴素，它在客观上要求人内心纯净，心无旁骛。
一个人的心性和涵养好不好，在现实生活中往往需要很长时间去验证，而
在投机市场上，这个验证基本上就是现世报。

　　品性好的操盘手都把公认的好品质内化在行动中了，他们每天三省吾身，不贪恋、不嗔痴。高手都是在一定程度上超脱了人性弱点的人，所以他们能够在波涛汹涌的市场里挥洒自如。正如长篇财经小说《撤单》里主人公悟出来的一样：仅有良好技术的人即便在这个市场上赚到了钱，迟早都是要追随利弗摩尔而去的。当然，我们说的好人品不等同于世俗的道德品质，但如果追求交易的成功，对自身的人品、涵养和修为是应该有硬性要求的。

　　现今中国的资本市场还很不成熟，所以这两本书对投资中国市场很有帮助："看对个股波动没什么了不起。你能在股市发现很多高手，看时机很准，总能在最佳利润点买卖股票，但他们都没能真正赚到钱。为什么呢？能看对波动方向的人很多，能看对波动并坚持不动的人才真正厉害。但是，一个股票投资者只有牢牢掌握了这个诀窍才能赚大钱。而这是最难学的。"

　　利弗摩尔的世界我们永远不会真正理解，但我们可以从其传世的言论和故事中学习其核心，而不是具体的手法。都说利弗摩尔的投资体系好到高山仰止，但为什么巴菲特、索罗斯、林奇都不去效仿呢？因为投资者个人走哪条路径，最终取决于自身的认知和心性，就像利弗摩尔自己说的那样："交易方法任何人都可以学习。让交易成为最具挑战性行为之一的，其实是我们的心理陷阱。不管你的技术水平如何，你都必须记得并且遵守游戏规则，或者直接一点说就是纪律。"

　　能够长期生存下来的操盘手，一定都是些老成端正之人。细读此书并身体力行，我们就能够以利弗摩尔天才的思想为纲，以他的勤奋痴迷为范，以他的狂放不羁为戒，进而在投机市场里找到适合自己的持续生存之道。

"投资从无新鲜事。所有的一切都是轮回。"

　　杰西·利弗摩尔是20世纪20年代纽约华尔街的传奇人物，经典著作《股票大作手回忆录》的主角，他也被誉为"美国历史上最伟大的投机人"！

　　1893年，年仅14岁的杰西·利弗摩尔初涉股市就取得了了不起的成就，从此走上职业交易者的道路。赚到第一个1 000美元时，利弗摩尔辞去了工作，将所有时间都用于到投机商号进行股票投资。1 000美元听起来可能并不算是一笔太大的收入，但要注意的是利弗摩尔每次都能在资金的一进一出中收获巨大的利润——他的第一次交易利润高达63%!

　　1907年，美国的经济恐慌愈演愈烈，一场危机一触即发。这时候，大银行家摩根开始介入美国金融市场，力挽狂澜，他的举措之一就是以个人身份请利弗摩尔停止做空，因为利弗摩尔在恐慌期间一天卖空就赚了300万美元，这是脆弱的国家经济无法承受的。利弗摩尔答应摩根的第二天即反手做多，而在J.P.摩根出面向困难的银行提供资金支持后，市场也开始反弹，利弗摩尔又大赚了一笔；1909年，威尔森总统甚至邀请他到白宫，请他把自己的棉花期货平仓以救国急。

在20世纪初，利弗摩尔曾经通过投机股票在一个月的交易中赚取过1 000万美元的巨额利润；甚至在3个小时的市场搏杀中，赚进20万美元——这在当时被人们视为一个天文数字，要知道那时美国人的年均收入，也只有1 000美元而已。

但杰西·利弗摩尔最著名的一次投资是当1929年。在美国股市大崩盘即将来临之际，利弗摩尔大肆卖空股票，于是当大多数投资者的巨额财富化为乌有时，利弗摩尔却狂赚1亿美元。为此，一部分金融历史学家甚至将1929年的美国股灾归咎于他。

杰西·利弗摩尔历经40年股海沉浮，他通过投机交易快速积累了大量的财富。虽然也曾几次破产，但每一次，他都凭着自己的操盘术、智慧和顽强的意志，走出困境，东山再起。

华尔街有一条谚语：你如果能在股市坚持10年，你应该能开始赚到一些钱；你如果坚持20年，你的经验将极有借鉴价值；如果坚持30年，那么你定然是极其富有的人。《股票大作手操盘术》一书，是杰西·利弗摩尔历经40年股市沉浮后给世人留下的宝贵经验，从中我们可以看到利弗摩尔对自己投机经验的总结和升华：他对市场的领悟、对趋势的研判、对交易手段的把握、对资金的掌控……他的交易时机技巧、实用的操盘方法、简明的交易准则以及高效的股票与商品交易法极具革命性，且常读常新。

★太多的投机者往往一时冲动就买进或卖出，或者几乎在同一个价位上用尽所有资金，而不是拉开战线。

★犯了错误不要再辩解。很久以前，我就学会了这一课，所有的同行都应当学会这一课。

★不论投机或投资，成功只属于那些全力以赴的人。金钱是不会从天上平白掉下来的。

★耐心等待市场进一步发展，直到关键的心理时刻到来。

★我认为旧式投机者的辉煌时代已经过去了，他们的地位将会被"半投资者"来取代。

★如果你一定要得悉准确原因才行动，那就会错失了最佳的交易时机！

★每当市场走势不正常，或者说没有按照原本的方向发展，那你就应该立即改变看法，这个理由已经足够了。

★时机到来时，你能否拿出勇气，果断行动，在过程中有一点犹豫都会功亏一篑。

★你要观察两个"关键点"的变化，当市场转向其中一个时，根据股价记录，你就能够准确判断有关走势是否真正持续向上，或者走势已经结束。

★利用这种方法，可以看清楚股票在经过第一次"自然回升"或"自然调整"后，是否沿着应有的方向发展。

第1章
投机是一项挑战

投机是天底下最富魔力的游戏。但是，这个游戏不适合愚蠢的人，不适合懒于动脑筋的人，不适合心理不健全的人，不适合脑中充满一夜暴富奢望的人。以上所说的这些人如果贸然从事投机，那么就只能以一贫如洗告终。

多年以来，我已经尽量减少参加晚宴的次数，因为几乎每次都有陌生人走过来坐到我身边，一番寒暄后便开口询问：

"我怎样才能从股市中赚些钱呢？"

对于这样的问题，年轻时我会不厌其烦地向他们解释，一心想着从市场上轻松快速地赚钱是不切实际的，你会碰上这样或那样的麻烦；或者不失礼貌地想尽办法找个借口，从这样的困境中脱身。但是最近这些年，我只会干脆地回答一句："不知道。"

老实说遇上这种人时，你很难耐得住性子去解释。其他的先不说，这样的问法对于一位已经对投资和投机事业进行了科学性研究的人来说，实在算不上恭维。要是这位门外汉也拿同样的问题请教一位律师或一位外科医生，那才称得上是公平：

"我怎样才能快速地从法律方面或外科手术上挣到钱？"

话说回来，我还是认为，对真正有志于在股票市场做投资或投机的大多数人来说，如果有一份指南或方向标为他们指出行进的正确方向，他们还是愿意付出汗水和研究以此来获取合理回报的。而本书正是为这些人写的。

本书的主要内容是介绍我个人在投机生涯中有过的一些不同寻常的亲身经历——其中既有失败的记录，也有成功的记录，以及从每一段经历中我获得的经验教训。通过这些介绍，我将勾勒出自己在交易实践中采用的时间要素理论，在我看来，这些理论对于成功的投机事业来说，是最重要的因素。

但是在我们展开下一步行动之前，请允许我

给你一个警告：一分耕耘，一分收获。你所获得的成果将与你在自己的努力中所表现出的真心和诚意直接成正比。这种努力包括建立并维持好自己的行情记录，做选择时不人云亦云，自己动脑筋并得出自己的结论。就像你不可能精读《保持好身材》这样的书后，又将锻炼身体的事交给他人代劳。因此，如果你打算认真地学习并实践我的准则，就不能将维持行情记录的工作假手他人。我的准则将时间和价格两个要素融为一体，这一点在随后的章节里会逐步阐明。

对于渴望那些在股市中大展身手的投资人来说，我只是一个引路人，真正的修行还要靠自己。如果你借助我的引导，最终获得一种在股票市场上输少赢多的能力，我将倍感欣慰。

本书的读者是大众中的一部分特定群体，而这部分人往往表现出一定的投机倾向，在这里我愿意把我在多年的投资

利弗摩尔携第三任妻子多萝西·温德特（Dorothy Wendt）、小儿子保罗·利弗摩尔（Paul Livemore）和长子利西二世（Jesse Junior）站在其府邸前。利弗摩尔的家庭生活多有不幸：演员妻子温德特嗜酒、花名在外，让利弗摩尔不只一次忧郁症发作。1934年双方离婚，1935年在一次争吵后，前妻温德特向长子Jesse Junior开枪，造成了他的残疾。1975年3月23日，Jesse Junior从自家被押进警车。在这之前，他朝他的狗射击，试图杀死他的妻子Patricia。利弗摩尔的小儿子Paul Livemore非常英俊，在移居夏威夷之前，他曾经在许多电影和电视剧中出演角色，后来他在一次意外中被枪杀。

随着选股作为一项严肃认真的业余爱好的日渐消亡，那些重要的选股必备技能，比如如何评估公司的业务、盈利能力、成长性等，如同失传的秘方一样也日渐被人遗忘。另一方面，随着关注公司基本面信息的业余投资者越来越少，证券公司营业部也就越来越不愿主动提供这些信息。至于那些股票分析师则天天忙着为那些机构投资者提供服务，哪里有空为普通投资大众普及投资知识呢？

★彼得·林奇

和投资生涯中逐步积累的一些观点和想法讲述出来与读者分享。无论是谁，只要天性存在投机倾向，就应当将投机看作一项严肃的工作，并诚心敬业，不能像那些门外汉一样应付了事，因为门外汉通常会把复杂的投机看成单靠一点直觉进行的赌博。如果认同我的观点，即投机是一份严肃的工作，那么所有参与此项事业的同行朋友就应当下决心认真学习，尽己所能地发掘现有数据资料，使自己对这项事业的领悟提升到自己的最高境界。

在过去四十年中，我始终致力于将自己的投机活动升华为一项成功的事业，已经发现了一些有助于发展这一事业的诀窍，并且还将继续发掘新的规律。

许多个夜晚，我躺在床上辗转反侧不能成眠，反省自己为什么没能预见一段行情即将展开，第二天早早醒来，头脑中酝酿着一个新点子，让我几乎等不及天亮，就急于通过历史行情记录来检验新点子是否有效。当然，在绝大多数情况下，这样的新点子都离百分之百的正确相距甚远，但是我也经常会发现其中多少有些正确的成分，而且这些可取之处已经储存在我的潜意识中了。或许再过一阵，又有其他想法在脑子里成形，我便立即着手检验它。

随着时间的推移，头脑中原本混沌多样的想法就变得越来越清晰、具体，于是我逐渐能够开发出成熟的新方法来记录行情，并以按照新方法做的行情记录作为判断市场走向的指南针。

让我感到满意的一点是，我的理论和实践都已经证明，在投机生意中，或者说在证券和商品市场的投资事业中，从来没有什么新事物出现，其发展规律都是相同的——也就是所谓的"万变不离其宗"。

在有的市场条件下，我们应当投机；同样地，在有的市场条件下，我们又应当避免投机。有一条谚语现在看来再正确不过了："你可以赢一场马赛，但你不可能赢得所有马赛。"市场操作也是同样的道理。有的时候，我们可以通过从股票市场投资或投机中获利，但是不要指望日复一日、周复一周地在市场里打滚，还能始终如一地获利。只有那些有勇无谋的人才想这样做，这种场场皆赢的事本来就是不可能的，永远不会有希望。

如果想成功地投资或投机，我们就必须针对某只股票下一刻会上升还是下跌形成自己的判

◢ 那其实是工作的一部分，只有远离市场，才能更加清晰地看透市场，那些每天都守在市场的人，最终会被市场中出现的每一个细枝末节所左右，最终就会失去了自己的方向，被市场给愚弄了。

★ 索罗斯

断。因为投机其实就是预测即将到来的市场运动。要想尽量做到准确预测，我们必须构筑一个坚实的基础。举例来说，在市面上出现某一则新闻后，你就必须站在市场的角度，独立地在自己的头脑中分析它会对行情产生怎样的影响。

你要尽力预测这则消息在一般投资大众心目中的心理效应——特别是其中那些与该消息有直接利害关系的人。如果你从市场角度判断，它将刺激股市看好或看淡，那么千万不要草率地认定自己的看法，而要等到市场变化已经验证了你的看法之后，才能在自己的判断上签字画押，因为它的市场效应未必如你倾向于认为的那样明确，一个是"是怎样"，另一个是"应怎样"。

为了更好地说明这一点，我们来看看下面的实例：如果市场走势已经形成，并且已经沿着这个明确趋势持续了一段时间，这样的情况下一则看涨或看跌的新闻恐怕对市场产生不了一丝一毫的影响。在这个时候，市场本身或许已经处于超买或超卖状态，在这样的条件下，市场肯定对这则消息视而不见。而对于投资者或投机者来说，市场在相似条件下的历史演变过程的记录就具有不可估量的参考价值。此时此刻，投资或投机者必须完全摒弃个人看法，将注意力百分之百地转向市场变化本身。要知道，意见千错万错，市场永远不错。对投资者或投机者来说，个人看法如果背离市场大势，那么个人意见就一文不值。

到目前为止，没有任何人或任何组织能够打破市场的制约。某人也许能够对某只股票做出自己的判断，相信这只股票将要出现一轮显著上涨或下跌行情，即使事后证明他的看法是正确的，这位仁兄也依然有可能赔钱，因为他可能把自己的判断过早地付诸行动。他相信自己的意见是正确的，于是立即采取行动，然而他刚刚进场下单，市场就走向了相反的方向。随后，行情越来越陷入胶着状态，他也越来越郁闷怀疑，于是匆匆地平仓离开市场。或许几天后，行情走势又按照他的想法行进了，于是他再次杀入，但是一等他入市，市场就再度转向和他相左的方向，这一次他又开始怀疑自己的看法，又悲剧性地把头寸割掉了。

终于，行情启动了。但是，由于他当初草率行动而接连犯了两次错误，这一回反而失去了入市的勇气。也有可能他已经在其他地方另下了赌注，已经难以再增加头寸了。总之，欲速则不达，等到这个股票行情真正启动的时候，他已经失去了投资机会。

这里要特别强调一点，如果你对某只或某些股票形成了明确的看法，千万不要仓促地一头扎进去。要从市场出发，耐心观察它或它们的行情演变，按照基本的投资准则伺机而动。

举例来说，某只股票当前的成交价位于25美元，它已经在22美元到28美元的区间里徘徊了相当长时间了。假定你相信这只股票最终将攀升到50美元，也就说现在它的价格是25美元，而你的意见是它应当上涨到50美元。且慢！耐心！一定要等这只股票活跃起来，等它创新高，比如说上涨到30美元。只有到了这个时候，你才能"就市论市"地知道，你的想法已经被证实。这只股票必定已经进入到了非常强势的状态，否则根本不可能达到30美元的高度。只有当这只股票已经出现了这些变化后，我们才能判断，这只股票很可能正处在大幅上涨过程中——行动已经开始。这才是你为自己的意见签字画押的时候。你是没有在25美元的时候就买进，但绝不要让这件事给自己带来任何烦恼。如果你真的在那时候买进了，那么结局很可能是这样的：你等啊等啊，被等待折磨疲惫不堪，早在行情发动之前就已经抛掉了原来的头寸，而正因为你是在较低的价格卖出的，你也许会悔恨交加，因此后来本当再次买进的时候，却没有买进。

我以往投资的经验已经证明了这一点，真正从投机买卖中赚得的利润，其实都来自那些从头开始就一直赢利的头寸。接下来，我将列举一些自己的实际操作案例，读者会从这些案例中发现，我选择一个关键的心理时刻来投入第一笔交易——市场走势最强劲时，强大的动能将使它径直地继续向前冲去。这只股票之所以继续向前冲，不是因为我的操作，而是因为它背后这股力量如此强大，它不得不向前冲，也的确正在向前冲。

在过去的很多时候，我也曾像其他许多投机者一样，没有足够的耐心去等待这种绝好的投资时机。我总是想无时无刻都持有市场头寸。你也许会问："你有那么丰富的经验，怎么还让自己干这种没头脑的蠢事呢？"答案很简单，我是人，

▲ 那其实是工作的一部分，只有远离市场，才能更加清晰地看透市场，那些每天都守在市场的人，最终会被市场中出现的每一个细枝末节所左右，最终就会失去了自己的方向，被市场给愚弄了。

★ 索罗斯

当然也有人性的弱点。就像所有的投机客一样，我有时候也让急躁情绪冲昏了头脑，失去了良好的判断力。要知道投机交易其实酷似我们常玩的扑克牌游戏，就像21点、桥牌或是其他类似的玩法。

有一个弱点是我们大家所共有的：每一次轮流下注时，都想掺一脚进去，每一手牌都想赢。我们或多或少都具备这个共同的弱点，而这一弱点正是投资者和投机者的头号敌人，如果不对之采取适当的防范措施，它最终将导致他们的一败涂地。满怀希望是人类的显著特点之一，惊慌恐惧则是另一个显著特点，然而，一旦你将希望和恐惧这两种情绪搅进投机事业，就会进入非常危险的境地，因为你往往会被两种情绪所困扰，甚至颠倒了它们的位置——本该害怕的时候却满怀希望，本有希望的时候却惊恐不宁。

来看一个例子。你在30美元的位置买进了一只股票。第二天，它快速跳升到32美元或32.5美元。这时候你可能会变得充满恐惧，担心如果不把利润落袋为安，明天就会看着这纸上富贵化为乌有——于是你就卖出平仓，把这一小笔利润拿到手里，而此时恰恰正是你该享受世界上一切希望的时刻，乘胜追击你本来可以有更大的斩获。

你猜猜，那些根本不关注股市走势只是定期买入的投资者，与那些天天研究股市走势判断最佳投资时机的投资者，谁的投资业绩会更好？也许你想不到，答案是前者更高。

★ 彼得·林奇

仔细想一下，这两个点的利润昨天还不存在更不属于你，为什么现在你担心丢掉这两个点的利润呢？如果你能在一天的时间里挣两个点，那么在第二天你可能再挣2个点或3个点，下一周或许能多挣5个点。只要这只股票还在上涨，市场走势对头，就不要急于平仓。你要坚信自己是正确的，因为如果不是，你根本就不会有利润。利润是会增长的，也许它最终会扩大为一笔很可观的利润，只要市场的表现没有任何令人不安的迹象，那就鼓起勇气，坚定自己的信念，坚持到底。

再来看看相反的情形。假设你以30美元买进某只股票，第二天它下跌到28美元，账面出现两点的亏损。这时你并不会担心第二天这个股票可能继续下跌3点或更多点，而是只把当前的变化看作一时的反向波动，觉得第二天市场肯定还要回到原来的价位。然而，这种时候你本来应该有所警惕。今天出现这两点的亏损之后，市场可能变得更糟，第一天再亏损两个点，下周或下半个月或许再亏损5个点或10个点。这正是你应该担心的时刻，因为如果你没有及时止损出市，后来就有可能被迫承担远远大得多的亏损。这个时候你应当卖出股票来保护自己，以免亏损越滚越大，变成大窟窿。

利润总是能够自己不断增长，而亏损则永远不会自动了结。投机者应该学着对最初的小额亏损采取止损措施，来确保自己不必蒙受巨大损失。这样一来，就能保护好自己的账户，终有一日，当他心中形成了某种建设性想法时，还能开立新头寸，重整旧江山。

投机者往往需要充当自己的保险经纪人，而确保投机事业持续下去的唯一办法是，小心守护自己的资本账户，维护资金安全，绝不允许亏损大到足以威胁未来操作的程度，这就是我们通常说的"留得青山在，不怕没柴烧"。一方面，我认为成功的投资者或投机者事前必定总是有充分的理由才入市做多或做空的；另一方面，我也认为他们必定根据一定的准则或要领来确定首次入市建立头寸的时机。

再重复一次，我认为心目中的走势真的出现时，投资者肯定会有多次入市时机；我坚信任何有投机天分并有耐心的人，都能制订出适合自己的投机准则，以便入市时做出准确的判断。成功的投机只不过是个猜想，投资者或投机者要想百战百胜，便要遵守一些法则。

不过，很可能我认为是无价之宝的常用准则，对其他人反而没有用处。为什么呢？没有哪个准则是百分之百正确的。我知道使用自己的投机准则后会有怎样的结果。当股价的走势与我的预期不符，我立即知道这是因为时机未到，因此放弃入市。或者几天之后，我的准则再次显示入市时机到来，这时我便会主动出击，并且很可能一击即中。我相信，投机者只要多一点耐心，肯花时间及心思钻研股价走势，这样过一段时间便会形成一套自己的投机准则，日后的买卖或投资

> ⬛ 不求一击成功，就像浪涛不停的冲刷一样，直到堤坝发生松动——耐心始终是投资者所必备的，耐心，足够的耐心。
>
> ★ 索罗斯

也就有了根据。在书中，我根据自己的投机买卖经验，列出了本人认为有用的一些要点。

生活中一些经纪人也记录股价图表或平均价位，让人敬佩的是不论市场行情升跌他们都持之以恒。毫无疑问，这些图表或平均数字都能指出股价的走势。但我认为图表往往是复杂的，令人摸不清方向的，因而对我没有用。不过，我就像其他人喜爱图表一样，热衷于记录股价。当然，也有可能他们的做法是对的，而我的偏好是错的。

我之所以偏爱股价记录，是因为我的记录方法给我明确的投机指南，但是我必须充分考虑时间要素，这些记录才会真正发挥作用，帮助我预测走势。我相信，只要股价记录妥当并考虑时间要素——详见下文——任何人都可以在某种程度上准确预测股票未来的走势。不过这样做需要有耐性。

首先，你要找准一只股票或建立不同的股票组合，准确把握时间要素，再配合自己的股价记录，迟早你都会找到抓住重大走势的时机。如果你的分析准确，那么在任何分类股票中都能挑选出最佳的龙头股。不过，一定要记住一点，股价

🔦 投资股票，务必牢记适当分散投资。你应该分散投资于几种不同的股票。因为在每5只你买的股票之中，可能会有1只表现非常好，有1只表现得很糟糕，另外3种表现一般。不要对1只股票固执己见，要保持一个开放的心胸；不要随便挑一只股票就算了，你得先研究再投资。
★ 彼得·林奇

记录一定要你自己亲手完成而不是假手于人，因为在记录股价的过程中，你可能会有很多新的想法，其他方法都没法帮你。而这些忽然而至的想法就是你的新发现和赚钱秘籍。

在书中，我列出了一些投资者及投机者不应做的事项，最主要的一项就是不要让投机项目变成投资项目。很多时候投资者都是因为自己所买的股票而吃大亏。生活中，你常会听到有投资者说："我不会担心股价涨跌，或补仓通知。因为我从来不投机，买股票是为了长期投资，要知道股价即使下跌了最后还是会涨回来的。"很可惜，这类投资者入市时，他们原先所买的好股其后形势逆转，这些所谓的"投资股"也会变为纯粹投机的对象，一部分股票还会退出股市，而买入"投资股"的本金也就从人间蒸发了。这是因为投资者原先看准了"投资项目"的未来赢利才选作长线投资，可是他们未能看到这些所谓"投资项目"面对新情况而影响了赢利能力。

在投资者明白这个变化之前，股票的投资价值早已大大缩水。因此，投资者必须与投机者一样，把保本放在首位。如果做到这一点，那些自诩为"投资者"的人便不会被迫成为投机者——信托基金的户头也不会大大缩水。

读者也许记得，就在不久之前，美国市场一般还认为买入纽约-纽黑文-哈特福德铁路①（New York, New Haven & Hartford Railroad）等股

① 纽黑文和哈特福德铁路在1872年成立，纽黑文铁路的全称是纽约-纽黑文-哈特福德铁路公司。它由多条铁路合并而成。1911年，纽黑文铁路公司的末日到来了。由于债台高筑，纽黑文不得不开始解雇员工、降低工资、推迟维修关键的铁路轨道。天灾随后降临，当年竟然发生了4次火车事故，次年居然7次，共造成数十人死亡。随后，纽黑文和哈特福德铁路宣布破产。——译者注

票，比把钱存在银行还要保险。在1902年4月28日，纽约-纽黑文-哈特福德铁路的股价是每股255美元。1906年12月，芝加哥-密尔沃基-圣保罗①（Chicago，Milwaukee&St.Paul）的股价是199.62美元。

1906年1月，芝加哥-西北②（Chicago Northwestern）的股价是240美元。同年2月9日，大北方铁路③（Great Northern Railway）的股价是348美元。重要的是，它们的股息都不低。

不过这些看起来很可靠的"投资"现在又怎样了呢？在1940年1月2日，纽约-纽黑文-哈特福德铁路的股价是0.50美元；芝加哥-西北的股价是5/16美元，约为0.31美元；大北方铁路是26.625美元。芝加哥-密尔沃基-圣保罗在当日甚至没有行情报价，而在1940年1月5日的价位仅为0.25美元。

事实上，市场上与上述个股有相同遭遇的股票数不胜数，市场原先都视它们为稳健的投资，但是到了今天却变得一文不值。当优质投资变质后，那些保守投资者的资金也都化为乌有。

---

① 芝加哥-密尔沃基-圣保罗铁路公司，人们都称之为密尔沃基。该公司的前身为铁路公司，成立于19世纪中期。在多次合并及收购后，于1874年更名为芝加哥-密尔沃基-圣保罗，公司的主要业务为经营来往密尔沃基和芝加哥的铁路服务。——译者注

② 芝加哥和西北铁路成立于1859年6月7日，该公司在1864年2月15日与加利纳和芝加哥联合铁路（Galena and Chicago Union Railroad）合并。之后开始迅速发展，建造了大量自己的线路，到19世纪60年代末期，重要线路基本建造完毕。20世纪70年代，铁路覆盖7个州，总长超过10 000英里，但其中大部分线路不赢利，公司运作陷入困境。在运作了136年后，被联合太平洋铁路收购。——译者注

③ 大北方铁路创立于19世纪，创始人包括著名工业家詹姆斯·希尔（James J.Hill）。北方原是许多印第安的保留区，这里到处是渺无人烟的草原，詹姆斯·希尔为了建筑铁路，每隔10里就建立一个小镇，还盖了许多运送货物的升降梯，为当地带来商机、促进了地方繁荣。——译者注

当然，投机者在股市也难免会有损失，然而，相对于这些所谓的投资者所承担的巨额亏损而言，投机者的损失只是九牛一毛。

我认为，这些投资者其实不过是在赌博，他们下了赌注之后便将股票长期持有。如果有什么风吹草动，他们便输个精光。投机者也可能同时入市，但是如果投机者天生有点小机灵，懂得记录股价，便会提前嗅到前景不妙，因而能够迅速离场将损失减至最低，并会等待下一次机会才再次入市。

股价开始下滑时，没有人能预知股价的跌幅会是多少；同样的，也没有人能说出股价升幅有多少。不过一定要记住以下事项：不要因为股价看似偏高而卖出股票。比如说，某只股票由10美元涨至50美元，你便认为涨得太多了。这个时候，你要想到如果市场走势不错，而公司管治亦良好，有什么原因会让股价不能再攀上高峰，由50美元升至150美元呢？

市场上很多人就是当股价持续向好一段时间后，认为"股价偏高"而急于脱手卖出股票，最终反而吃了大亏。

反过来讲，投机者也千万不要因为某只股票从高位大幅下跌后就买入，因为股票大幅下跌往往是有原因的。即使这只股票的现价看起来相对很低，但就其本身的价值来说其股价也许仍然很高。不要再用过往的价位高低来衡量，而是应以结合时机和价格的方法去研究。

根据我的记录，当我发现某只股票呈现升势后，经过一段时间的正常调整，即使股价再创新高也会继续买入；在卖空时也是一样。因此很多人知道我的买卖方法后都感到很不可思议。为什么要这样做？因为我的记录显示买卖时机来了，我只是依循指示买卖而已！

我不会抢着在市场调整时买入股票，也不会趁股价反弹时卖空。读者应该注意的一个要点是：越跌越买并非明智之举。如果第一次买入后就蒙受损失，那就不应再次入市，也不要越跌越买，试图向下摊平。投机者一定要牢记这条守则。

第2章
股价什么时候才算走对了

像人一样，股票也有自己的品格和个性。有的股票反应敏感，弦绷得紧紧的，总是不停波动；有的股票则性格豪爽，目标明确，动作直来直去，依循逻辑发展。总有一天你会了解并尊重不同股票的个性，按照不同的准则去做，它们的动作都是可以预测的。

市场每时每刻都在变化着。有时候，它们非常呆滞，但并不意味着它们就在原地踏步，它们总要稍稍上升或下降。当一个股票开始明确上升或下跌趋势后，它将自动地运作，前后一致地沿着整个趋势过程的特定线路走下去。

在趋势开始的初期，开头几天你会发现，随

你能从股市上赚大钱，但也能在股市上赔大钱，这一点我们已经亲身体验。买入任何一家公司股票之前，一定要先做好研究。

★ 彼得·林奇

17

着股票价格的逐渐上涨，市场上形成了非常巨大
的成交量。随后，就将发生我所说的"正常调
整"。在这个向下回落过程中，成交量会比上升
时期大幅减少，但这种小规模回撤行情完全是正
常的，不必对此过分忧虑。但此时，一定要提防
不寻常的波动。

这个调整过程大概会持续一到两天，之后涨势
将重新开始，成交量随之增加。如果这是一个真动
作，那么在短时间内股价就会反弹，并将在新高区
域内运行。这个过程应当在几天之内一直维持着强
劲的势头，其中仅仅含有小规模的日内回调。

或迟或早，股价将达到某一点，与前一次情
况类似的又该形成另一轮正常的向下回撤了。当
这个正常回撤发生时，它应当和第一次正常回撤
落在同一组直线上，当处于明确趋势状态时，这
是股票普遍运行的规律。在这轮运动的最初阶
段，从前期高位升至最新高位的差距并不很大。
但是你将注意到，随着时间的推移，它的攀升幅
度将会比之前大得多。

我们来看一个例子：假定某个股票最初的股
价为50美元。在其运动的第一段旅程中，也许股

价会渐渐地上涨到54美元。此后，一两天的调整可能把它带回52.5美元上下。三天之后，它再度展开旅程，股价或许会上涨到59美元或60美元，之后又一次进行调整。但是，这次它不会仅仅下降1个点或1个半点，如果在这样的价格水平做自然的调整，很容易就会下降3个点。当它在几天之后再度开始上涨进程时，你将注意到此时的成交量已经较初期缩水，这只股票变得紧俏起来，较难买到了。

如果情况是这样，那么股价的爬升会变得更快。该股票可能轻松地从前一个高点60美元，攀升到68美元乃至70美元，如果中途没有遇到任何调整，直到这时候才发生自然的股价回调，那么这次调整幅度可能更大。它可能一口气下挫到65美元，而且即使如此也只属于正常的调整。不仅如此，假设跌幅在5点上下，但是用不着过多少日子股价就会重新上涨，该股票的成交价将再创新高。这就是入市的最佳时机。

不要因为这只股票没有新的变化而忽略形势的变化。你已经取得了漂亮的账面利润，这时候你必须保持耐心，但是也不要让耐心变成约束思路的框框，以致忽视了危险信号。

这只股票股价再度上涨，前一天上涨的幅度6到7点，后一天上涨的幅度更为巨大，也许上升了8到10点，交易活动极度活跃，但是在收市前的最后一个小时行情却突然逆转，突如其来地出现了一轮不正常的下探行情，下跌幅度达到7到8点，在低位收市。第二天开市后，市场再度下滑了1点左右，然后重新开始上升，并且当天尾盘行情十分坚挺。但是再过一天，由于某种原因，市场却没能保持上升势头。

这是一个非常精准的危险信号。在这轮市场运动的发展过程中，在此之前仅仅发生过一些自然和正常的调整。此时此刻，却突然形成了不正常的向下调整——这里所说的"不正常"，指的是在同一天之内，市场先是创新高，随后向下回落了6点甚至更多——这样的事情之前从未出现过。从股票市场本身来看，一旦发生了这种不同寻常的变故，就是市场在向你发出危险信号，对此绝对不能掉以轻心。

股价不断上涨时，你要有足够的耐心持股不动。现在你要以敏锐的感觉发现危险信号，并且勇敢地卖出，离场观望。

并不是说所有的危险信号都是准确的卖点，正如我在前面说过，没有任何准则能百分之百地准确预知市场的涨跌。不过，如果你一直时刻留神，长远来看总能够赚大钱。

一位非常聪明的投机者曾对我说："每当危险讯号出现时，我总是毫不犹豫立即平仓！过了几天，如果风平浪静，我大可以再次入市。这样一来，我总是能避免无谓的损失。打个比方：我正沿着火车铁轨行走时，看到一列特快列车正在以每小时9.6千米的速度迎面驶过来，这时我绝不会愚蠢到站在铁轨上，而是立即远离铁轨，等待列车远离后铁轨变得安全时，才考虑返回去。"这个有关投机智慧的描述既生动又有趣，我时刻牢记着。

机智果敢的投机者通常都会留意到危险讯号的出现。奇怪的是，大部分投机者总是遇到同一个问题，他们在应该平仓的时候不能拿出勇气行动，而是犹豫不决，结果眼睁睁地看着股价由高位跌下。然后他们便安慰自己说："当股价下次反弹时一定平仓！"但是等股价真的反弹了（反弹是迟早发生的），他们却将之前的计划忘记得一干二净，因为他们认为市场重回升轨了，股价可能继续攀升。可是，这次的升幅只是昙花一现，股价跟着掉头回落，这些投资者也因为犹豫不决而随之吃亏。如果他们一直遵从自己的准则，便可以从容应付这种情况，不仅可以避免损失，也能消除不必要的疑虑。

再说一遍，一般投资者或投机者的最大敌手就是人的本性。有什么理由认为股价冲上去后回落了便不能再回升呢？当然，我们知道股价在某些价位是有上涨空间的，但为什么你奢望股价在你想要的时刻继续攀升呢？这种情况大多是不会出现的；即使出现了，优柔寡断的投机者也不会理会。

我在此重申，对于那些渴望在投机领域有一番作为的人来说，必须摒弃一厢情愿的想法；你不可能每天或每星期参与投机活动并取得成功；一年中只会有几次入市的机会，可能是四五次，而在合适的入市时间出现之前，最好静待市场发展，等待下一个重大时机出现。

如果你能准确抓住股价变动的入市时机，那

◢ 股市下跌没什么好惊讶的，这种事情总是一次又一次发生，就像明尼苏达州的寒冬一次又一次来临一样，只不过是很平常的事情而已。如果你生活在气候寒冷的地带，你早就习以为常，事先早就预计到会有气温下降到能结冰的时候，那么当室外温度降到低于零度时，你肯定不会恐慌地认为下一个冰河时代就要来了。而你会穿上皮大衣，在人行道上撒些盐，防止结冰，就一切搞定了，你会这样安慰自己：冬天来了，夏季还会远吗？到那时天气又会暖和起来的！

★ 彼得·林奇

◢ 工作量和成功恰好成反比。

★ 彼得·林奇

么你第一次入市便能赚钱。在这之后，你需要做的就是保持警惕，仔细观察提醒你何时退出的危险信号，并及时将账面赢利套现。

要记住这一点：当你理性地静待时机之时，那些每日参与买卖的投机者正好为你的一次出击铺路。他们所犯的错误，会为你造就日后的赢利。

投机活动实在太有诱惑力了，大部分投机者经常流连于经纪行或通过电话与经纪人保持密切联系。收市后，他们又往往在与朋友的聚会中与大谈股市，心中无时无刻不在想着股票报价机，对于股票价位的一点点起伏波动都了如指掌，但是偏偏又对股价的重大变动视而不见。每当大市转势之际，他们之中很多人都会押错注。坚持通过每日买卖获利的投机者，是很难从市场的下一次重要波动中得益的。

要克服这个弱点，便要认真地记录股价变动及怎样变动的过程，同时考虑到时间因素，并综合加以研究。

很多年前，我听说有一位很出色的投机者住在加州的偏远山区，在那里他收到的股价行情都是三天之前的。一年中，他可能会与身处旧金山的经纪人通两三次电话，并书面指示落盘买卖股票。

我的一位朋友也经常出入该家经纪行，他对这名投机者非常好奇，着力打探了不少关于这位投机者的消息。后来，他获悉这位投机者甚少接触市场，也很少在股票市场露面，但他的成交量却非常惊人，不禁感到异常惊讶。有一次，我这位朋友经人介绍认识了这名投机者，交谈时特别问到他身处偏远山中是如何掌握市场变化的。聪明的投机者回答："嗯，我把投机看作一门很严肃的生意。如果我不能摸清形势变化，每天只是为了琐碎变化而分心，便会一败涂地。所以我喜欢住到偏远地区，那里我才能真正静心思考。你理解吗？我会记录市场中的每一个变化。而变化发生后，让我看清大局，了解市场在做什么，将走向何方。真正的变动不会开始一天就停下来，而是需要一段时间才能完成整个过程。旁观者清，搬到偏远的山区后，我就能够细心思考这些市场变化。不过，总有一天我会将账面的利润套现，并记录下来。我观察到一点，市场走势模式过一段时间后，便会与我所记录的股价有出入，这时我就要到市中心走一趟，忙碌起来。"

上面说的是很多年前的事了。漫长的岁月里，这名隐居的投机者不时从股市套现一笔巨额的利润。他的事迹启发了我，使我更加努力将时间要素与我所搜集的其他数据灵活运用，并持之以恒。结果我能够熟练地利用我的股价记录，它可以帮我找出下一次市场变动的时机，其准确度令人吃惊。

不一定每天都去办公室，给自己留点闲暇时间，哪怕去散步或闲逛都好，放松一下绷紧的神经，有利于保持清醒头脑，在关键时刻做出最敏捷的反应和判断。

★ 索罗斯

股 票 大 作 手 操 盘 术

第3章
追随领头羊

每当投资者或投机者有一段时间在股市取得连续成功后，股票市场就会释放一种让人难以抗拒的诱惑，使投机者麻痹大意或者野心勃勃。在这种情况下，你只有依靠健全的常识和理性的头脑才能保住已有的胜利果实。如果你能坚守自己亲手制定的准则，那么得而复失的悲剧就不再是命中注定的了。

我们都知道，股票价格总是在上上下下、不停波动的。过去是这样，将来也会一直如此。在我看来，在那些重大的市场波动背后，必然存在一股不可阻挡的力量。了解这一点就完全足够了，你倒是不必对价格波动背后的所有原因都不放过，研究得过于琐细，只会白白浪费精力，形

因为我这么有批判性，别人经常认为我是反市场派，但是，我对逆势而行非常谨慎，我可能惨遭趋势踩躏。根据我的趋势理论，趋势最初会自我强化、最后会自找毁灭，因此在大多数情况下，趋势是你的朋友，只有在趋势变化的转折点趋势追随者会受到伤害，大部分时间我都是趋势追随者，但是，我随时都警觉自己是群众的分子，一直在注意转折点。

★ 索罗斯

同画蛇添足——你的原本明晰的思路可能会被鸡毛蒜皮的细节遮蔽、淹没，这就是那样做的风险。你只要确定市场运动的确已经发生，然后顺着潮流驾驭着你的投机之舟，就能够从中受益。不要和市场讨价还价，最重要的，绝不可逆势而行。

还要记住的一点是，一开始就在股票市场上把摊子铺得太大、四处出击也是很危险的。我的意思是，不要同时持有过多的不同股票。对于投资者或投机者来说，同时持有几只股票还可以，同时持有许多股票就不胜负荷了。几年前，我就曾犯过此类错误，为此也付出了沉重代价。

我曾经犯过的另一个错误是，因为当时某个类别的股票群体中某只股票已经确定无疑地掉转方向，背离了整个市场的普遍趋势，我便因此对整个股票市场的态度转为一律看空或一律看多。事实上，在建立新头寸之前，我本该更耐心地等待时机，等到其他类别的股票中某只股票也给出其下跌或上涨过程已经终了的信号。也就是说，只有其他股票也都清晰地发出同样的信号，这才是我本应耐心等待的线索。

遗憾的是，我当时没有这样做，而是迫不及

不要买太多股票，多了你就无法及时了解每一家公司的最新动态。
★ 彼得·林奇

拥有股票就像养孩子一样——不要养得太多而管不过来。业余选股者大约有时间跟踪8～12家公司，在有条件买卖股票时，同一时间的投资组合不要超过5家公司。
★ 彼得·林奇

待，要在整个市场大干一番，结果吃了大亏。在当时急于买卖的浮躁心理已经取代了常识和判断力。当然，我在买卖第一个和第二个股票类别里的股票时是赢利的，但是，我却错过了最佳入市时机，结果本应得到的赢利中被凭空削减了一大部分。

让我们再回想一下20世纪20年代末期的疯狂牛市[①]，我清楚地看出铜业股票的上涨行情已经进入尾声。不久之后，汽车业的股票行情也达到了巅峰。因为牛市行情在这两种类别的股票群体中都已经宣告结束，我因此得出了一个有纰漏的结论，那就是现在可以安全地卖出任何股票。我真不愿意告诉你因为这一错误判断我损失了多少钱。

在后来的六个月里，正当我在铜业股票和汽车业股票的交易上积累了巨额账面赢利的时候，我也在全力寻找公用事业类股票的顶部，然而事与愿违，后者让我亏损的金钱甚至超过了前者的赢利。最后，公用事业类股票和其他类别的股票都达到了顶峰。就在这时，安纳康达[①]（Anaconda）公司的成交价已经比其前期最高点低了50点，汽车类股票下跌的情况也与此类似。

我希望这一事实能给读者一些启示，当你摸准某一特定类别股票的趋势时，不妨就此采取行动。但是，不要轻易地让自己在其他股票群中以同

---

① 20世纪20年代，美国经济快速增长，尤为突出的是，在此之前只有富有阶层享有的一些技术创新成果得到了广泛的传播。不仅汽车得到广泛的使用，电气化也开始向美国全国扩张。电灯、吸尘器、洗衣机和无线电广播都是在这个时期普及和应用的。同20世纪初一样，技术进步改变了人们对未来的预期，一直到1929年股市崩盘之前，理论家还在看多当时的股票市场。——译者注

② 安纳康达成立于1881年，是当时的铜业界巨头，经历多次起跌，后来衰败下来，于1977年被收购。——译者注

样方式行事，除非你已经明白地看到了其他类别的股票已经开始跟进的信号。保持耐心，继续等待。迟早，你也会在其他类别股票上得到与第一个类别的股票同样的提示信号。投资或投机要把握火候，不要在市场上四处出击。

你必须集中注意力研究当日行情最突出的那些股票，也就是我们通常说的"领头羊"。如果你不能从领头的活跃股票上赚钱，也就无法在整个股票市场中赚钱。

股市总是追随潮流而变化，就像女士的服装、帽子和首饰一样。昔日的龙头股倒下，自然会有后起之秀递补。多年前，领头羊股票主要有铁路股、美国糖业及烟草股，随后美国糖业及烟草公司都褪去光环，钢铁股独领风骚。之后的股市领头羊又变成了汽车股，至今仍是股市宠儿。到了今天，钢铁股、汽车股、航空股及邮购股等四大类别股票仍然主导市场，这些类别的股票上升，亦会带动整个股市上升。过了一段时间，新的领头羊股会领导市场，而一些原来的领头羊股将会退下。

只要股市还存在，这种现象就不会消失。

投资或投机者如果同时持有太多不同的股票，资金账户会变得更不安全，众多的股票会把你弄得头昏脑涨。不妨试试分析数个股票类别，你将会发觉，与剖析整个股市相比，前者更容易让人准确把握股市脉络。在上面所说的四大股票类别中，如果你能准确分析当中两只股票的走势，便不用担心其余股票的走势如何。"追随领头羊股"是一再被重复的投机智慧，我们要让思路开阔起来，你要记住我们今天看重的领头羊股，很可能两年后就什么也不是。

根据我的记录，现在我持有四个股票组合，这不表示我会同时买卖全部的股票，不过如何买卖我心中已有计划。

多年以前，当我开始对价格走势感兴趣时，决定测试一下自己能否准确预测未来的价格变化。于是，我先做了一些模拟的买卖，并把数据写在一本随身的小记事簿上。过了不久，便首次进行买卖，而那次交易令我毕生难忘。我与朋友合伙买入5股芝加哥-伯灵顿-昆西铁路股①（Chicago, Burlington & Quincy Railway stock），后来我分得的利润为3.12美元。从那时起，我开始正式加入投机者的队伍。

我认为在目前的市况下，那些习惯大手笔交易的旧式投机者，成功获利的机会不会太多。这里所说的旧式投机者，当时他们身处的市场非常广阔，流动性也很高，投机者可持仓5 000股或10 000股，买入卖出也不会大幅影响价格。

当旧式投机者首次买入股票后，如果股票走势不错，他们可以很方便地增加持仓量。那时候，即使他们判断错误，也可轻易平仓而不会蒙受重大损失；不过，发展到了今天，由于市场相对狭窄，如果投机者的首次买入后股价靠不住，那么如果再改变策略便会损失惨重。

---

① 芝加哥-伯灵顿-昆西铁路成立于19世纪，服务于美国中西部地区，其后因美国铁路业走向下坡，于1970年与其他铁路公司合并。——译者注

你应该确定两点：第一，公司的每股销售额和每股收益增长率是否令人满意；第二，股价是否合理。最好要认真研究分析公司的财务实力和债务结构，以确定万一出现几年经营糟糕的情况是否会妨碍公司的长期发展。

★ 彼得·林奇

上面所说的是今天投机者的劣势，但也正如我在前面所指出的，今天的投机者如果有足够耐性及判断力，等到合适的时机再行动，那么最后套现获取厚利的机会也会较大。这都是因为现在的市况已经逐渐走上了正轨，容不下太多人动作，以往这些动作出现得过于频繁，便会干扰所有科学计算的结果，令这些结论不管用。

因此，在现今的市况下，聪明的投机者不会盲目照搬数年前常见的模式买卖。聪明的投机者会花更多的时间研究数个股票类别及这些类别中的领头羊股，谋定而后动。股市已经进入了一个全新的时代，这个时代给明智、勤奋和能干的投资者及投机者，带来了更可靠的成功机会。

第4章
管理手中的余钱

当你管理手中的余钱时，一定要亲自出马，不要假手他人。

不论是处理上百万的大钱，还是数千的小钱，都一样要亲力亲为。这是你的钱，只有小心看护，它才会始终属于你。不可靠的投机方式注定是亏损钱财的主要途径之一。

不称职的投机者会犯下各色各样的重大错误，简直是无奇不有。

前文中我曾经警告过读者，对已经亏损的头寸切不可在低位再次买进，试图摊低平均成本。然而，那恰恰是一般投机者最常见的做法。很多

第一要保本，只要有本钱，你就有机会再翻身。如果操作过量，即使对市场判断正确，仍会一败涂地。如果我必须就我的实务技巧做个总评，我会选择一个词：存活。

★索罗斯

人在一个价位买进股票，我们假定买入价为50美元，两三天之后，如果股价下跌，投机者可以在47美元再次买进，他们的心里就会产生向下摊低成本的强烈欲望，于是他们非得在47美元另外再买100股，把自己所持有的股票的成本价摊低到48.5美元不可。你已经在50美元买进100股，并且对100股3个点的亏损忧心忡忡了，那么，有什么理由一定要再买进100股，如果股票价格跌到44美元，那时你岂不是要双倍地担惊受怕？到那时，第一次买进的100股让你的账户亏损600美元，第二次买进的100股又会让你再次亏损300美元。

如果有个人打算按照这种不可靠的准则行动，他就会一直坚持摊低成本，市场跌到44美元，再买进200股；继续下行到41美元，再买进400股；到38美元，再买进800股；到35美元，再买进1 600股；到32美元，再买进3 200股；到29美元，继续买进6 400股，依此类推。想一下有多少投机者能够承受这样的资金压力？如果能够把这样的投机方法执行到底，倒是不应当放弃它。上面例子里所说的异常行情现实中并不经常发生。然而，投机者或投资者恰恰需要对这种异常行情始终保持高度警惕，以防灾难的降临。

因此，尽管有啰唆和说教的嫌疑，我还是要强烈地建议你不要采取摊低成本的做法。

从经纪商那里，我从来只得到过一种确定无疑的"内幕"消息——追加保证金的通知。当这样的通知到达时，你要做的应该是立即平仓。不要站在市场错误的一边。为什么要把好钱追加到坏钱里去？把这些好钱放在荷包里多捂上一天。把它拿到其他更有吸引力的地方去冒险，不要放到显然正在亏损的交易上。

聪明的成功商人愿意赊账给形形色色的客户，但是，肯定不愿意把所有的产品都赊给唯一的一个客户。因为客户的数量越多，风险也变得越分散。正是出于同样道理，做投机生意的人在每一次冒险投机的过程中，也只应投入金额有限的一份资本。因为对于投机者来说，资金就是商人货架上的货物。

有一个通病是所有投机者都具有的，那就是急于求成，总想在很短的时间内从股市中赚大钱。他们不是花费2~3年的时间来使自己的资本增值500%，而是奢望在2~3个月内就做到这一点。只有少数的几次，他们会碰巧成功。然而，此类大胆的交易商有没有笑到最后呢？答案是没有。为什么？因为这些钱来得不稳妥，来得快去得快，只在他们那里过手了片刻，这样的投机者缺少稳定的平衡感。他说："既然我能够在两个月之内使自己的资本快速增值500%，想想下两个月我能得到多少！我要发大财了。"

这样的投机者永远不会满足到手的利益。他们孤注一掷，不停地向股市中投入自己所有的力量

杰西·利弗摩尔站在棕榈海滩布里克斯（Breakers）酒店的走廊，他经常在那里度过大半个冬天。坐着他的私人火车专列到达布里克斯，他的游艇则事先被运抵棕榈海滩。

或资金，直到他们在某个位置犯错，终于一败涂地——某个变化剧烈的、无法预料的、悲剧性的事件。最后，经纪商终于发来最后的追加保证金通知，然后他们已经付不出这样巨大的金额，于是，这个豪赌的赌客就像流星一样消逝了。也许他会求经纪商再宽限自己几天时间，或者如果不是太不走运，或许他曾经留了一手，储蓄了一份应急资金，可以重新有一个较低的起点。

假设某个商人新开了一家店铺，他大概不会指望头一年就从这笔投资中获利25%以上。但是对进入投机领域的人来说，25%连最低标准都够不上，他们想要的是100%的利润。他们的想法是经不住推敲的，他们没有把投机看作一项严肃的商业事业，并按照商业原则来经营这项事业。

还有一个小问题，也许值得注意一下。投机者应当将以下这一点看成一项行为准则：当一次成功的交易平仓了结后，投机者应该取出一半的利润，放到保险箱里储存起来。事实上投机者唯一能从华尔街赚到的钱，就是当投机者了结一笔成功的交易后从账户里提出来的钱。

我想起了一件我在棕榈海滩度假时的往事。当

> 📌 投资交易是一个漫长又充满等待的过程，利润很多的时候不能马上显现出来。
> ★ 索罗斯

> 📌 投资股票要赚钱，关键是不要被吓跑。这一点怎么强调都不过分。每一年都会有大量关于如何选股的书出版，但是如果没有坚定的意志力，看再多的投资书籍，了解再多的投资信息，都是白搭。炒股和减肥一样，决定最终结果的不是头脑，而是毅力。
> ★ 彼得·林奇

我离开纽约时，手里还持有一笔数额巨大的空头头寸。几天之后我到达了棕榈海滩，这时市场出现了一轮剧烈的下跌行情。这是将"纸上富贵"兑现为真正金钱的最后机会——我也这么做了。

当天收市后，我给电报员一条纸条信息，要他帮我通知纽约的交易厅，立即从账户中提出一百万美元存到我的银行账户中。那位电报员几乎吓得昏死过去。在发出这封电报之后，他问我他能否收藏那张纸条。我问他为什么，他说，他已经当了二十年的电报员，但这是他经手拍发的第一份客户要求经纪商为自己在银行存款的电报。

他还说道："我看到过经纪商发出成千上万条电报，不停地要求客户们追加保证金。但是以前从没人像你这么做过。我打算把这张条子拿给儿子们看看。"

一般的投机者很少能够从经纪公司的账户上取到钱，要么是他没有建仓的时候，要么是他有额外资产净值的时候。当市场朝着不利于他的方向变化时，他不会把钱提走，因为他需要这些资本充当补仓保证。当他结束一笔成功的交易之后，他也不会支取资金，因为他对自己说："下一次，我将赚取双倍的利润。"

因此，绝大多数投机者都很难看到钱。对他们来说，经纪公司账户上的钱从来不是真实的，不是看得见摸得着的。多年来，我已经养成习惯，在成功交易后都要提取部分现金。惯常的做法是，每一笔提取20万美元或30万美元。这是一个好策略，在心理上也有价值。你可以试一下这个方法，也把它变成你的策略。把你的钱点一遍，我就这样做过。我知道自己手中有实实在在的钱，我感觉得到，它是真实的。

那些放在经纪商账户里的钱或放在银行账户里的钱，和你手中的钱是不一样的，手里的钱你的手指可以触摸到，触摸到了后就有了某种意义——实际拥有的感觉可以稍稍减轻你做出任性投机决策的冲动，而冲动的投机决策导致了赢利流失。

因此，你要时常看一看你到手的钱财，特别是在你这次交易和下次交易之间更应该看一下。

一般投机者在这些方面往往存在太多散漫、轻率的毛病。

当一个投机者幸运地将原来的本金在股市中翻倍后，他应该立即把利润的一半提出来，放在一边作为储备资金。这个方法曾经对我大有裨益。唯一的遗憾是，我没能在自己的职业生涯中始终贯彻这一原则。在某些地方，它本来会让我的投资之路更顺利一些的。

除了华尔街以外，我没有在其他任何地方赚过1美元，但遗憾的是从华尔街赚到的数百万美元，却都因"投资"于其他项目而输得精光。还记得我投资过的佛罗里达州暴涨的房地产业、油井、飞机制造业，以及新发明优化及推广产品，在这些项目中我也总是在做赔本买卖，投进去的资金一点也没剩下。

除了上述投机项目业务以外，还有一项业务我也十分感兴趣，于是我劝说一位经纪人加入，试图说服他投入5万美元。他认真地听了我的建议，当我说完后，他便说道："利弗摩尔，你在自己本业之外的投机生意中，从来都没赚过钱。现在，如果你想要5万美元来投机，只要你要，你就会得到，但在投机时，请不要自己沾手这个生意。"

出乎意料的是，第二天早上邮差便给我送来一张巨额支票。不要把经纪人当朋友这个教训，说明了投机本身就是一门严肃的生意，人人也应视之如此，而不能耽于私交。

不要让自己轻易受到别人煽动、逢迎或诱惑的影响。应当牢记一点，经纪人有时会是导致投机者失败的最主要的原因之一。

经纪人是以收取佣金为业，如果客户不交易，他们就无法获得佣金：客户的成交量越大，他们便能赚取越多佣金。投机者想的是买卖股票，而经纪人不单希望他们进行交易，更多时候还会蛊惑他们过度交易。

一些无知的投机者往往把经纪人视为可靠的朋友，不久便会无节制地交易。

如果投机者足够精明，自己知道什么时机可以进行超额买卖，也无可厚非。他知道何时可以或应该进行大额买卖，不过，一旦这成为习惯，就只有极少数投机者能够保持清醒，在必要时可以悬崖勒马。因为他们处于兴奋疯狂时，往往会失去平时应有的警醒，而警醒正是制胜关键。他们永远不会想到会有犯下大错的一天，而当那天来临时，曾经从股市中轻松赚取的钱财便会不翼而飞，又一个投机者落魄收场。

因此除非你肯定自己的财务状况稳健，否则不要做任何交易。

第5章
关键点

任何时候，我总是耐心地等到市场到达我所说的"关键点"后才动手，这样我就总能从交易中获利。

为什么会这样呢？

因为在这种情况下，我选择的是行情刚刚启动的心理时机。我永远也不必怀着亏损的焦虑，原因很简单，我总是在准则发出信号时就果断采取行动，并根据准则发出的信号逐步买入股票。之后，我唯一要做的就是静待市场变化，任由市场按照本身的发展规律展开行情，我知道只要这样就可以，市场自身就会在合适的时机发出获利套现的信号，让我顺利结束交易。任何时候，只要鼓起勇气和耐心等待这样的信号，我就能按部就班，从不例外。

我的经验已经证明了一个问题，如果没有做到在行情刚刚启动后就入市，我就无法从这轮行情中获得太大的收益。原因可能是，如果没有及时入市就会错失初期积存的一段利润，而在后来行情演变过程中，直至行情结束，这段利润都是确保投机的勇气和耐心的重要因素，因此是十分必要的——在行情的变化过程中，直至行情结束，走势必定会不时出现各种各样的小规模回落行情或回升行情，有了前期的利润保障我就能按兵不动地等待这种过程结束。

就像市场在适当时机向你发出积极的入市信号一样，同样地，市场也会向你发出消极的离场信号，只要你有足够的耐心等待。"罗马不是一天建成的"，没有哪个重大市场走势会在一天或一个星期内一蹴而就，它总是需要一定的时间才能逐步完成发生、发展、完结的整个过程。下面一点是非常重要的，在一轮行情中，大部分市场变动是发生在整个过程的最后四十八小时内，这是最重要的入市时机，也就是说，在这段时间内一定要持有头寸，让自己置身场内。

举个例子。假定某只股票已经在下降趋势中运行了相当长时间，达到了40美元的低位。随后，市场形成了一轮快速的反弹行情，股价在几

当你对某笔投资交易充满信心时，就要直击要害。要知道，即便是想当好一只猪都需要勇气，要想追求建立在高负债基础上的利润就更需要勇气。如果你认为自己是正确的，赚再多也不会嫌多。
★ 索罗斯

重要的不是你的判断是错还是对，而是在你正确的时候要最大限度地发挥出你的力量来！
★ 索罗斯

天之内便上涨到45美元。接下来，股价又开始回落，几个星期的时间里股价始终在几个点的范围内调整。此后，它又开始延续前一段时间的上涨行情，直至达到49.5美元的高度。随后几天市场又变得很沉闷，终于有一天，它再度活跃起来，首先下滑了3~4个点，后来继续下滑，直到股价接近40美元的关键点价位为止。

正是在这样的时刻，需要特别小心地观察股价变化，因为如果股价要确定无疑地恢复原有的跌势，就应当首先下跌到比关键点40美元再低3到4点的位置，然后才能形成另一轮明显的反弹行情。

如果市场没能向下跌破40美元的关键点，这就是一个重要信号，一旦市场从当前向下回调的低点开始向上弹升3点，就应该买进。如果市场虽然向下跌穿了40美元的关键点位，但是下跌的幅度没有达到3点，那么一旦市场上涨至43美元，也应该赶快买进。

如果出现了上述二种情形中的任何一种，你就会发现基本上这都标志着一轮新走势的开始，如果市场以明确方式来承认新趋势的形成，那么股价就将持续上涨，一直上升到另一个关键点49.5美元以上——而且比这个关键点高出3点或更多。

在描述市场趋势的时候，我没有使用一般常用的"牛市"和"熊市"两个词，因为我觉得，一旦在市场行情方面听到"牛市"或"熊市"的说法，很多人就会立即认为市场将在一段非常长的时间里一直按照"牛市"或"熊市"方式运行。

问题是那种明确的趋势并不经常发生——每4到5年才会发生一次——而在没有发生此类明确行情的时候，还会出现很多持续时间相对较短但涨跌分明的趋势。因此，我宁愿使用"上升趋势"和"下跌趋势"这两个词来形容，它们恰如其分地说明了市场在一定时间内即将发生的情形。

我们进一步说明这个问题，假如你认为市场此时即将进入上升趋势而入市买进，持股几个星期之后，经过再次研究你又得出了另一个结论，即市场将转向下跌趋势，你会发现，自己很容易就能接受趋势由上升转下跌的事实。反过来，如果当初持有市场处于明确"牛市"或"熊市"的观点，而你的观点又恰巧被市场证实，那么再要转变思路就困难得多了。

结合时间要素的"利弗摩尔氏股价记录法"，是经过30余年潜心研究各项准则的结果，这些准则为我预测即将到来的重大市场走势提供了基本的指南。

在我完成第一次记录后，发觉它的作用并不大。没过几个星期，我又再次有了新想法，于是又做了新的记录；相比上一次，这一次有了一点

说起来很简单："好吧，下次股市下跌的时候，我一定毫不理会那些悲观消息，我要趁机逢低买入一些超跌的股票。"但是做起来并不简单。因为每一次危机看起来都好像要比上一次更严重，要想做到对悲观消息置之不理越来越难。

★ 索罗斯

进步，但是还是没能取得我需要的信息。就这样经过多番思考，做了一批又一批的记录后，一个全新的构思在我的大脑中逐渐形成，这些不间断的记录也开始露出端倪。

而当我将时间要素应用到股价走势时，这些记录便开始揭示出我想要得到的信息！

从此之后，我又尝试使用不同的方法将时间要素与股价走势结合，渐渐地我能够确定"关键点"的位置，并掌握了如何从市场中获利的确切方法。后来我又在此基础上多次修改计算方法，直到今天，这些记录仍旧能够向你传达股市信息，问题的关键是你要懂得如何去做。

当投机者能够很好地判断某股票的"关键点"并了解当时市场的情况，大概可以确定他一开始便把握了准确的时机入市买卖。

在许多年前，我就已经开始利用最简单的"关键点"方法入市买卖，并从中获利。我发现当某只股票的价格上涨至50美元、100美元、200美元甚至300美元的水平时，往往随后便会出现一阵强劲而迅速的反弹。

我第一次尝试使用"关键点"入市获利，选取的对象是安纳康达股份（Anaconda stock）。当这只股票涨至100美元时，我便迅速入场买入4 000股。这批股票完成交易后几分钟，股价已经升至105美元，这只股票还在同一天内继续冲上10个点，第二天仍旧维持攀升势头。经过几次幅度达7~8个点的正常调整后，股票的升势依然凌厉，在很短的时间内冲破150美元的高位，100美元的"关键点"从未受到威胁。

就是从那时起，我很少会错过那些可以运用"关键点"入市的良机。

当安纳康达的股价涨到200美元以上时，我再一次利用"关键点"入市；到300美元的高价位时也不例外。可是，此时的股价已经没有了之前的凌厉涨势，只是升到302.75美元就止步不前。很明显，这是个危险信号，此时股票气势转弱投机者就应该迅速离场了。

因此，我将手上的8 000股全部卖出，其中6 500股幸运地在两分钟内成交。这之中有5 000股是以每股300美元的价位成交，而另外1 500股则以299.75美元的价位成交。余下的1 500股则花费了25分钟并以每次交易100股或200股的速度全部沽出，成交价位是每股298.75美元，这也是当日的收市价。

我深信，如果翌日这只股票的股价跌破300美元，那么就会暴跌不止。市场在第二天开市后果然验证了我的预测，这次股票交易真的非常刺激！安纳康达股份在伦敦市场急剧下挫，其后纽约股市开市后又继续走低。没几天的工夫，股价就跌到了225美元。

在实战中运用"关键点"预测市场未来走势的时候，一定要记住一点，如果股价在上涨过程中突破"关键点"后，市场表现与应有的不相符，这就是必须留意的危险信号。

从上述例子中可以看清这一点，当安纳康达的股价持续上涨并突破了300美元时，其表现迥异于突破100美元及200美元时。那时的涨势非常凌厉，股价上涨冲破"关键点"后仍会冲上最少10~15个点。然而，当股价突破300美元水平时，市场上供大于求，要买入股票不再是难事，反而是市场充斥着大量等待卖出的股票，数量之多使升势不能维持。因此．这只股票在股价冲破300美元后明显变得不宜沾手，同时这次的表现也说明，股价冲破"关键点"后不再有以往那股气势了。

还有一次，我在买入伯利恒钢铁公司[①]（Bethlehem Steel）股票前，一直等了三个星期。后来这只股票在1915年4月7日上涨到了87.75美元的历史高位。

因为我注意到这样一个问题，股票每当穿破"关键点"后股价便会迅速上扬，而且我坚信伯利恒钢铁公司的股价会冲破100美元，于是在4月8日开始入场，在99~99.75美元之间分批买入股份。4月8日的收市价为117美元。之后，这只股票连涨五天，过程中只进行了轻微的调整，这波涨势直到4月13日才渐渐放慢，而这时的卖出价已经达到了155美元的高位。这个例子说明，只有耐心等待、善于捕捉"关键点"的投机者，才能赚取大笔利润。

我认为伯利恒钢铁公司的股票可能还会有更好的表现，所以当股价涨到200美元时我故伎重施，到300美元时也一样，到400美元这个让人目瞪口呆的高位时我仍然大胆出击。事情并没有就此结束，因为我早已预测了

---

① 伯利恒钢铁公司成立于1857年，1904年由伯利恒钢铁公司合并了联合铁厂和其他几家较小的公司。公司主要奠基人是齐瓦勃。伯利恒钢铁公司曾是美国最大的钢铁生产商之一，亦曾是全球最大的造船公司之一，于2001年破产。——译者注

当股价跌破"关键点",也就是说当熊市来临时会怎么样。我学会的重要技巧之一,就是留意当前走势能否持续。我发觉,当股价向上突破某个价位、欲涨乏力时,要清仓离场并不是很困难。

这确实很凑巧,每次当我失去了等待"关键点"出现的耐心,想着可以随便入市,不花太大心思就能赚取利润时,我总是赔钱。

从那时起,我按照不同类别划分了股票。一部分是价位较高的股票,另一部分是经过认真分析认为上涨机会不大的股票。当然,读者也可以使用其他方法来判断"关键点"。例如,某只股票已经上市两三年了,股价高位为20美元(也可假设其他价位),而这也是两三年前新股发行时的价位。如果这家公司出现利好的消息,股价开始上涨,通常在股价达到新高位时买入是安全的。

任何一只股票都可以在50美元、60美元或70美元的价位买入,当股价上涨了20个点或更高的水平后卖出,然后在高低价位之间守一至两年。在那之后,如果股价水平比之前的低位还要低,那么就意味着这只股票将会大跌。为什么呢?之所以会出现这种情况必定是这家公司出了问题。

　　记录股价涨落的同时参考时间要素，就能够找出很多这样的"关键点"，投机者就可以在走势有明确发展时进行交易。但是，学会利用"关键点"进行交易是需要有足够耐心的。你必须花时间钻研股市行情，亲自做记录，标记有关"关键点"的价格。

　　这种分析记录所产生的影响，几乎是难以想象的。对个人投机者来说，找到了"关键点"不亚于发现了一座金矿。当你根据自己的判断来进行交易并获得了成功，这份成果会使你感到愉悦和满足。同时，与靠小道消息或别人的指引获利，这种获利方法会使人有更大的成就感。如果你能够凭借自己的能力把握这个机会，自行交易，耐心等待，并注意危险讯号，你便能一点点培养出恰当的思考方法。

　　在这本书的最后几个章节里，我会详细阐释我的投机方法，说明如何与"利弗摩尔的市场方法"结合运用，去判断较为复杂的"关键点"。

　　很少有人能够单靠小道消息或其他人的建

　▲ 一个由消息灵通者或重要人物组成的关系网是获取投机信息的特殊重要的渠道。
　　★ 索罗斯

议而从股市中获利。很多人四处打探而得到了消息后，却又不懂得如何运用。

有一次参加晚宴，宴会上一位女士不断纠缠着我，要求我给她一些选股建议。我不胜其烦，最后只得告诉她买入塞罗-德帕斯科[①]（Cerro de Pasco）股票，这只股票在当日刚好冲破了上涨中的"关键点"。第二天开市时，这只股票上冲了15个点，而在其后的一个星期则只有轻微的调整。

后来这只股票的股价走势中出现了危险讯号。我还记得这位女士曾向我询问市场消息，于是便让我妻子给她打电话，告知她应尽快卖出股票。但让我没有想到的是，她其实并没有买入这只股票，因为她要先看看我的消息是否灵验，通常市场消息就是如此罢了。

期货市场也经常出现十分诱人的"关键点"。可可豆是在纽约可可豆期货交易所上市买卖的，很多年来，这种期货的波动不大，因而没有太多机会值得投机。然而，要将投机看成一门生意，就要关注不同的市场，物色极具潜质的机会。

1934年，12月份到期的可可豆期货在2月涨至6.23美元的高位后，在10月又跌回4.28美元的低位。1935年的高位是2月份的5.74美元，低位是6月份的4.54美元。1936年的可可豆期货的低位是3月份的5.13美元，但是就在这一年8月，可可豆市场由于某些原因发生了巨大的变化，交投大幅增

[①] 塞罗-德帕斯科是一家当时的上市矿业公司。——译者注

加，市场焕然一新。在该月份可可豆的卖出价高达6.88美元，比前两年的最高价还要高许多，也顺利地冲破了前两次的"关键点"。

同年9月，可可豆期货上升至7.51美元的高位；10月份的高位为8.70美元；11月份为10.80美元；12月份为11.40美元。在1937年1月，价格在短短五个月内迅速上升600点，达到创纪录的12.86美元，期间只出现了小幅度调整。

这个市场多年来都只是在做平稳波动。很明显，这次市场出现急升是因为可可豆的供应非常短缺。那些留意"关键点"的人就会发现，可可豆期货市场也是个不错的投机市场。

正是因为你亲手做了股票价格涨跌的记录，并细心观察到市场的变化，股价便会向你透露很多微妙的信息。这时候，你会突然意识到自己所勾画的价格走势图，显示出某种特定形态正在形成，而且形态看起来已经越来越清晰。

这些形态给你的启示是去翻查所做过的记录，看看过去曾经发生过的一些重大变动，是不是同样在类似的情况下发生。那幅走势图也在告诉你，利用精确的分析和良好的判断力，就能够得到正确的结论。价格走势变化也是在提醒你，每一次重大的变动，只不过是重复以往的历史。一旦你洞悉了市场过去的表现，就能准确预测下一个变动的来临，并且从中获利。

需要强调的一点是，我并非认为这些记录是完美无缺的，只是能够利用其为我服务而已；但是我知道，至少预测未来市场走势的基础已经打好了，只要人们坚持做价格记录，并对这些记录加以分析研究，那么在市场买卖中便不会赔本。

如果将来有人效仿我的方法记录股票价格，并且赚钱比我还要多，我也不会感到吃惊。这是因为我根据所作的记录加以分析，在前些日子已得出上述结论，人们开始利用这个方法时，也许会找到我错失的但更有价值的新的关键点。

还需要再说明的是，我应用这个方法已有一段时间，获得的成果已经完全满足了我的个人所需，因此我没有再做进一步的探究。然而，有人或许在这个基本方法的基础上，领悟到新构思并加以实践应用，让这个方法更有价值。

假如有人有能力做到这一点，我绝不会妒忌他们的成就。

第6章
切勿操之过急

我之所以写下这几章，目的是要明确若干一般交易的准则。稍后，将要讲解具体交易方法，即将时间要素和价格结合起来的具体准则。

应当指出，这些一般交易准则是很有必要的。因为太多的投机者往往一时冲动就买进或卖出，或者几乎在同一个价位上用尽所有资金，而不是拉开战线，这种做法是错误而危险的。

让我们来做个假设，你想买进某种股票500股，第一笔先买进100股，然后，如果市场上涨了，再买进第二笔100股，依此类推。后来买进的每一笔买入价必然比前一笔更高。

▲ 如果你经营状况欠佳，那么，第一步你要减少投入，但不要收回资金。当你重新投入的时候，一开始投入数量要小。

★ 索罗斯

这样的方法也应当应用在卖空的时候，除非这一次的卖出价比前一次更低，否则绝对不要再卖出下一笔。就我所知，如果遵循这一准则行事，会比采取任何其他方法都能保证自己站在市场正确的一边。原因就在于，按照这样的方法，所有的买卖自始至终都会获利。你从买卖中的确获得了利润，这一事实就是证明你正确的有力证据。

根据我的惯常做法，第一步，你需要估计某个股票未来的行情走势；第二步，你要确定自己在什么样的价位入市，这是重要的一步。分析你的价格记录本，仔细琢磨过去几星期的价格走势。之前你已经认定，如果你所选择的股票真的开始一波上升趋势，那么它应当到达某个点位；当它果真到达这个点位时，正是你第一次入市的良好时机。

买入第一笔股票后，你要明确万一判断失误，自己愿意承担多大的风险金额。假如根据这个理论行事，也许会有一两次你的交易是亏损的。但是，如果你坚持下去，当市场到达你认定的关键点时就再次入市，那么，一旦真正的市场运动开始，你就已经身处场内了，基本上你就不

▲ 有相当数量的10倍股我没能耐心长期持有而过早卖出，结果只赚到了一点点钱，而其他股票因为我时机把握不当或者思维混乱而亏损。这样一份不完整的记录就如此之多，由此你可以想象一下我曾错过的10倍股的投资机会有多少。
★ 彼得·林奇

会丧失机会。

然而，谨慎选择时机是很重要的，操之过急就会付出惨重代价。

让我告诉你，有一次我因为欠缺耐心，没有选好时机，结果和一百万美元的利润失之交臂，每次想起这件事，我都倍感困窘，感觉太丢脸了。

多年以前，我曾经对棉花期货感到很乐观，我的看法非常明确，认为棉花即将出现一轮很强的涨势。但是，就像常常发生的那样，此时市场其实尚未成熟，然而，我一得出结论，就迫不及待地一头扑进棉花市场。

一开始，我先买入了2万包期货棉花，以市价买进。这笔交易把原本沉闷的市场刺激得上升了15点。但当我的最后100包成交后，市场便开始下滑，24小时之内就跌回了开始买进时的价格。在这个价位上，市场徘徊了许多天。最后，我厌倦了这一切，于是全部卖出，这次交易，包括佣金在内让我损失了大约3万美元。自然，我的最后100包是在下跌行情的最低价成交的。

1928年，繁华的华尔街街头。华尔街全长仅三分之一英里，宽仅11米，从百老汇到东河仅有7个街段，却以"美国的金融中心"闻名于世。美国摩根财阀、洛克菲勒石油大王和杜邦财团等开设的银行、保险、航运、铁路等公司的经理处集中于此。著名的纽约证券交易所也在这里，至今仍是几个主要交易所的总部：如纳斯达克、美国证券交易所、纽约期货交易所等。

几天之后，棉花期货市场又再次对我产生了吸引力。它在我脑子里挥之不去，我就是不能改变原先的看法，始终认为该市场即将形成大行情。于是，我再次入市买进了2万包期货棉花。历史重演，我的买进指令使得市场向上弹升，之后又"砰"的一声跌回到起点。等待上涨的过程令我苦恼，因此我又将自己手中的期货平仓，其中最后一笔再次在最低价成交。

六周之内，这种代价高昂的交易我竟重复了五次，每次的亏损都在2.5万美元至3万美元之间。我开始变得讨厌自己。我白白耗费了接近20万美元，却连一点满意的滋味都没尝到。于是，我吩咐自己的经纪人，让他在我第二天走进办公室之前将棉花行情收报机弄走，我不想到时候再次禁不住诱惑，又进入棉花期货市场。这件事实在令人郁闷，然而在投机领域，无论何时都需要保持清醒的头脑，这种情绪显然于事无补。

那么，后来到底怎样了呢？就在我搬走棉花行情报价机、对棉花市场完全失去兴趣的两天之后，市场开始上涨，并且上涨势头一直持续下去，直至涨幅达到500点。在这轮异乎寻常的上涨行情中，中途仅仅出现过一次向下调整过程，幅度为40点。

就这样，我失去了自己所预计出的最具有吸引力、最坚挺的交易机会之一。总结一下，有两个方面的基本原因。

首先，我没有做好耐心地等待价格行情的心理准备，等时机成熟后再入市操作。我心中已有预计，只有棉花的成交价上升到每磅12.5美分，才说明它真正进入上升通道，并且还将向高得多的价位前进。但是事与愿违，我就是没有那份自制力去等待。我只是一厢情愿计划着，一定要在棉花市场到达买入点之前多挣一点，因此在市场时机成熟之前就动手了。结果，我不仅损失了大约20万美元的真金白银，还丧失了赚取100万美元的赢利机会。按照我头脑中本来的规划，打算在市场突破关键点之后，分批买入，聚集10万包的筹码。如果照计而行，我就不会错过从这轮行情中赚取200点左右利润的机会了。

其次，因为自己判断失误，就让自己越来越懊恼，对棉花市场越来越厌恶，这种情绪和稳健的投机步骤是不相符的。我的损失完全是由于缺乏耐心所致，没有耐心地等待恰当时机到来，以便顺利实施自己预先形成的意见和计划。

犯了错误不要再辩解。很久以前，我就学会了这一课，所有的同行都应当学会这一课。坦白承认错误，尽可能从中汲取教益。我们统统明白什么时候自己是错误的。市场会告诉投机者什么时候他是错误的，因为那时他一定正在赔钱。当他第一次认识到自己是错误的时候，就是他了结出市之时，应当接受亏损，尽量保持微笑，研究 行情记录以确定导致错误的原因，然后再等待下一次大机会。他所关心的，是一段时间的总体

1 我认为股票投资成功所必需的个人素质应该包括：耐心、自立、常识、对于痛苦的忍耐力、心胸开阔、超然、坚持不懈、谦逊、灵活、愿意独立研究、能够主动承认错误以及能够在市场普遍性恐慌之中不受影响保持冷静的能力。就智商而言，最优秀的投资者的智商既不属于智商最高的那3%，也不属于最差的10%，而是在两者之间。
★ 彼得·林奇

2 对于其他人来说，犯错是羞耻的渊薮，而对我来说，意识到我的错误是骄傲的源泉。我们一旦意识到人类在认识事物方面存在缺陷，犯错并不可怕，可怕的是不去改正我们的错误。
★ 彼得·林奇

结果。

甚至在市场告诉你之前，你有时就能先知先觉地预感到自己的错误，这是一种相当高级的判断力。这是来自潜意识的秘密警告。这种预感往往来自投机者内心并建立在市场历史表现的基础之上。有时候，它是交易准则的先遣部队。下面我会详细解说这一点。

在20世纪20年代末期的大牛市运行期间，我有几次手中持有大量不同的股票，这些股票都持有了很长时间。在这期间，虽然市场上也不时出现调整，但我却从未担心过手中的股票。

不过，总有那么一天，在收市过后我开始变得焦躁不安，并且在当天晚上彻夜难眠，整个人沉浸在一种无可名状的担忧之中，担忧市场形势。第二天早上醒来，就赶快带着担忧的心情去阅读报章。某种不祥的征兆好像快要出现，但是眼前听到和看到的又都是美好的，我只能想象自己这种担忧的感觉不过是庸人自扰罢了。看当天市场的表现，或者高开，或者表现很好，而且股价可能会攀升至最高点。回头想象自己昨晚的彻夜难眠，可能会感觉可笑。然而，根据我多年的经验我深知，这种感觉并非可笑。

到了第二天，市场情况急转而下。这并非当天发生了什么灾难性事件，只不过是市场经过较长时间较大幅度的上升后，突然转势而已。这时候我往往会坐立不安，反复思考该如何迅速将手上一批批的股票卖出。在一天前，我还可以在上下两个点之间，将手上所有的股票平仓。不过，到今天，情况已经完全不同了。

我相信这种感受很多参与市场操作的人都曾经有过，每当市场本身看来一切都顺风顺水、股市行情蓬勃向上时，在你的心底深处却常常响起危机警告讯号。一个投机者只有长期研究市场，并参考了有关市场的资料后，才能培养出这些奇特的预感。

老实说，我其实经常怀疑这些来自内心深处的警告讯号是否准确，从理智上我更偏爱运用冷静、客观的科学方法来考察市场。不过事实上，很多时候当我感觉自己如同在风平浪静的大海上航行时，心中可能会产生一种焦躁不安的感觉，而如果我重视并认真对待这种感觉，便会受益匪浅。

像这类颇为有趣的琐碎的买卖信息，往往很少有人会注意到，因为只有对市场形势敏感的人士，或者使用科学方法研究市场走势的人士，才会有这种明显的危机感。而对于一般的投机者而言，他们对市场的预期，基本上是受道听途说或报章上的股评所影响。

要记住这样一点，在任何一个市场上，在数以百万计的投机者之中，其实只有很少人是在全力钻研投机活动。绝大部分投机者都是将投机看成是一场胜负均等的昂贵交易而已。即使是一些灵活睿智的商家、专业人士，又或退休人士，也只是将这类活动看成聊胜于无的副业。也因此，他们不会太过在意市场发展。如果不是得到经纪或客户提供的消息，他们大部分都不会参与股票买卖。

个别时候，也有人会因为认识某大机构一个委员会的成员，并根据从对方手里得到内幕消息开始买卖。下面我说一个虚构的案例。

在一次午餐会或晚宴上，你碰巧遇到了在某大机构工作的朋友，大家谈了业务上的一般话题后，你便问到有关该机构的看法。你的朋友可能会回应道，这家公司不错啊。他们的业务很快会好转，前景也非常美好。没错，要买入这只股票现在正当时。

他还会态度诚恳地说："这只股票的确是一只值得买入的好股票。我们的收益会很理想，事实上，业务比过去几年好得多。吉姆，你还记得上次股市大涨时，我们这只股票的卖出价吗？"

这一番交谈之后，你对这只股票的兴趣大增，回头就迫不及待地买入。然后天遂人愿，该公司公布了最新的业绩，每份财务报表都显示业务比上一个季度有所增长，而且这家公司还宣布派发特别股息，使得股价继续上涨；而你亦沉醉于纸上富贵里。可是一段时间过后，该公司的情况出现了转折，业务开始下滑，但你此时还没有看清大势，只知道股价已经急跌，于是赶紧致电

> ▲ 事实上，你应该将最初的信息（任何引起你注意一家公司的东西）看作是秘密塞进你信箱的一条匿名却让人很感兴趣的消息。这种态度就可以避免只是因为你看到某种你喜欢的东西就一时冲动马上买入一家公司的股票，或者更糟糕的是只是由于给你消息的人名声很大就马上买入这只股票。
>
> ★ 彼得·林奇

那位朋友。

他说："不错，股价的确跌了不少，营业额也减少了，这只不过是暂时现象而已。听说市场上现在有不少看空者，他们很多都沽空，因此令股价受到打压。"

同时，他还会再重复一些陈腐的道理，去隐瞒真相。其实股价下跌的原因很简单，他与合作伙伴持有这家公司大量股票，由于看到业务形势不对并出现大跌的讯号正急于清仓离场，这个时候市场能承接多少便卖多少。如果他向你说出真相，那就等于是鼓励你及你认识的朋友抛售股票，这样一来抛售压力就更大了，所以他的举动可以说是一种出于自保的行为。

通过上述的例子你就很容易理解为什么你的朋友，也就是那些业内的知情人士，他们很乐意告诉你什么时候买入股票，但不会通知你什么时候卖出股票。因为如果他这样做，那便几乎等于出卖他的业务伙伴。

我要给各位读者一个建议，那就是时刻都要带着一本小小的记事簿，用来记下一些有趣的市场信息、一瞬间闪现的以后可能用得上的想法、可以经常重温的看法、个人有关股价变动的观察等。我建议在记事簿的第一页写上（最好是特别印上）：小心对待内幕消息，包括所有的内幕消息。

我还是要一再重复这句话：不论投机或投资，成功只属于那些全力以赴的人。金钱是不会从天上平白掉下来的。再来看一个小故事：一个身无分文的流浪汉，因为实在耐不住饥饿了，于是大胆地走进一家餐厅，要了一份"分量巨大、香嫩味美、多汁肉厚的牛排"，并特意叮嘱面有难色的服务生："通知厨师说要快啊！"过了一会儿，服务生走过来道，"厨师说，如果真有这么一块牛排，他早就吃掉了。"

同样的道理，如果金钱真的那么容易就能从天上掉下来，也不会有人强行将钱塞进你的口袋。

第7章
三百万美元的赢利

在上一章中，我讲述了自己的失败教训——由于自己缺乏耐心等待时机而错过了一次绝佳的投机机会，如果抓住这次机会，本来会捕获不俗的利润。而在这一章，我想要讲述我的一个成功的例子，这一回我做到了耐心等待市场进一步发展，直到关键的心理时刻到来。

1924年夏，小麦的价格已经达到我认为的关键点，因此我入市买进，第一笔单子买进500万蒲式耳①。当时，小麦市场极为庞大，因此我的这个交易指令的执行，对小麦价格并没有产生明显影响。但如果是在某只股票上执行这种规模的指令，那相当于买进5万股。

就在我买入小麦后，市场立即进入横盘震荡状态，并持续了数天，但是在这期间从没有跌到关键点之下。后来，市场再度开始上升，并且达到

① 蒲式耳为英制的容量及重量单位，在英国及美国通用，主要用于量度干货，尤其是农产品的重量。通常1蒲式耳等于8加仑（约36.37公升），但不同的农产品对蒲式耳的定义各有不同。在美国的农产品期货市场上，会使用"美分／蒲式耳"作为价格单位。——译者注

了比前一波高点高出几美分的价位。从这个高点开始，出现了一个自然的回调，有几天市场再度进入横盘状态，最后，上涨继续进行。

等到市场又向上穿越下一个关键点，我就立刻发出指令再买进第二笔，同样是500万蒲式耳。这笔单子的平均成交价比关键点高1.5美分，对于我来说这一点清楚地表明，市场正为进入强势状态做好准备。为什么这么说呢？因为与第一次买入相比，买入第二笔500万蒲式耳的过程要困难多了。

接下来一天，市场没有像第一笔买入后那样向下回调，而是上涨了3美分，如果我对市场的分析没错的话，这正是市场应有的正常表现。就从那一天开始，小麦市场逐步开始了一波名副其实的牛市行情。我所说的牛市是指市场将要开始长期上升趋势，当时我估计，它将要持续好几个月的时间。但事实上，我还是没有准确地认识到当前行情的全部潜力。所以，后来当每蒲式耳上涨了25美分之后，我就赶快清仓套现了——退居场外，眼睁睁看着市场在几天之内又继续上涨了20多美分。

到了这时候，我认识到自己已经犯了大错。

看不清股市形势时也去投资，这是对自己不负责任的做法。市场时起时落，人们有时持这种看法，有时持那种看法，这都是正常的。不正常的是，当投资者拿不定该买入还是抛出时，却不回避一下，勉强投资，结果当然不会好。
★ 彼得·林奇

为什么我要担忧失去那些我从来没有真正得到过的利润呢？我太急于求成，太急于将账面利润转换成到手的现金了，本应更耐心一点，勇敢地把头寸持有到底。而等到时机成熟，市场到达某个关键点的位置时，就会向我发出危险信号，这样我也会有充裕的时间离场。

于是，我决定再次入市，这次重新买进的平均价位要比上次卖出的价位高了25美分左右。不过，在这样的价位我只敢投入一笔头寸，也就是相当于我在第一个回合卖出数量的一半。不过好在这一次，我就一直持有这笔头寸，直到市场发出危险信号才平仓。

1925年1月28日，5月小麦合约的成交价已经高达每蒲式耳2.058美元。2月11日，市场回落到了1.775美元。就在小麦市场发生上面所说的大幅上涨行情的同时，还有另一种商品也在不断上涨，它的上涨行情甚至超过了小麦，这种商品就是黑麦。不过，和小麦市场相比，黑麦市场非常小，这使得一笔相对较小的买进指令就会导致价格快速上升。

在上述操作过程中，在市场上我投入了巨额的资金，而其他人也有与我不相上下的巨额投入。听说，有一位投机者曾经积聚了数百万蒲式耳小麦期货合约，同时还囤积了成千万蒲式耳的现货小麦。不仅如此，为了更好地炒作他在小麦市场的头寸，他还囤积了巨额的现货黑麦。传言说，此人有时还利用黑麦市场来支撑小麦市场，当小麦市场价格不稳的时候，他就通过在黑麦市场下单买进来支撑小麦行情。

就像前面说过的，与小麦市场相比较，黑麦市场很小，广度很窄，所以只要有一笔大额买进操作，立即就能引起一轮快速上涨行情，而这轮上涨行情也会无可避免地影响到小麦市场，作用十分显著。不管什么时候，只要有人采取这种做法来炒作，大众就会蜂拥买进小麦，结果小麦的成交价也跟着水涨船高了。

这个操作过程一直顺利地持续着，直到市场的大趋势到达终点。当小麦市场向下回落的时候，黑麦市场也随之回落，从1925年1月28日的最高点1.82美元，下跌到1.54美元，跌幅达28美分，与此同时小麦的回落幅度同样为28美分。5月2日，小麦成交价又回升到距离前期最高点3美分的位置，价格是2.02美元，但是黑麦却并没有像小麦那样从下跌中强劲复苏，最终只回升到1.70美元，这一成交价比其前期最高点低12美分。

在这段时间里，我一直密切关注着这两个市场，上面所说的反差令我感受到强烈的震撼，我感觉一定是有什么地方出现差错了，因为在整个大牛市期间，黑麦的价格变动总是要领先小麦一步。现在，它不但没有领导谷物交易池里的上涨行情，自己反倒落后了。小麦已经挽回了这轮不正常回调相当程度的跌幅，而黑麦却做不到，大约落下了每蒲式耳12美分。这个市场行为完全不同于往常。

于是我立即开始研究这一现象，希望能够找出黑麦没有和小麦同比例地向上收复失地的原因。结果原因很快就弄清楚了。一般来说，公众都是对小麦市场抱有极大兴趣，但是对黑麦市场并无兴趣。如果我们假设黑麦市场行情完全是由一人操纵的，那么为什么突然之间，他就忽视了黑麦市场呢？我的结论是，要么他不再对黑麦有任何兴趣，已经出货离场，要么就是他在两个市场资金投入过多，已经没有余力进一步加码了。

我当即反应过来，其实他是否还留在黑麦场内都无关紧要了，因为从市场角度看，两种可能性最终都会导致同样的结果，因此我立即动手检验自己的结论正确与否。

黑麦市场当时的最新买价是1.69美元，因为我决定弄清楚黑麦市场的真实状况，就在黑麦市场发出卖出20万蒲式耳的"市价指令"。指令发出时，小麦市场的报价是2.02美元。在指令完成之前，黑麦每蒲式耳下跌了3美分，在指令完成后2分钟之内，又重新回到1.69美元。

根据上述交易指令的执行情况来判断，我认为黑麦市场非常冷淡，没有太多的买卖指令。然而，此时我还是不确定到底会发生什么情况，因此我再次下达指令卖出第二笔20万蒲式耳，结果又是上一次过程的重复——执行指令时，市场下跌了3美分，但是当指令完成后，市场仅仅回升了1美分，而没有达到之前2美分的涨幅。

到这时为止，我对自己对市场状况的分析还是心存疑虑，于是又发出第三笔指令，再卖出20万蒲式耳。这一次有点不一样了，一开始市场还是再次下跌，但是，事后却没有回升。这时市场下跌势头已经形成，因而继续下降。

这正是我在观察和等待的危险信号。我充满信心地判断，如果有一个人在小麦市场上持有巨额头寸，却由于种种原因没有保护黑麦市场（他的原因到底是什么我并不关心），那么他同样不会或不能支撑小麦市场。

于是，我立即发出一道指令，卖出500万蒲式耳五月小麦。这笔单子的成交价从2.01美元卖到1.99美元。那一天晚上，小麦收市于1.97美元附近，黑麦收市于1.65美元。我很高兴，因为卖出指令最后成交的部分已经低于2.00美元，而2.00美元属于关键点，市场已经向下突破了这个关键点，我对自己的头寸很有把握。自然，我绝不会对这笔交易有任何忧虑。

几天过后，我再次买进黑麦。因为当初卖出只是试验性的操作，目的是确定小麦市场的状态，结果这些头寸带来了25万美元的利润。

与此同时，我继续卖出小麦，直至累计卖空头寸达到了1 500万蒲式耳。在3月16日，5月小麦收市于1.64美元；第二天早上，利物浦市场的行情比美国行情的折合数额低3美分，如果折算成相应的美元价格，则将导致我们的市场开市在1.61美元左右。

这时，我做了一件违背我的经验准则的事，也就是在市场开盘之前下达指定价格的交易指令。这本来是不该发生的，但是情绪的诱惑战胜了理智的判断，我发出指令在1.61美元买入500万

绝大多数的投资者内心的一个秘密角落里都会隐藏着一种自信，觉得自己拥有一种预测股票价格、黄金价格或者利率的神奇能力，尽管事实上这种虚妄的自信早已经一次又一次地被客观现实击得粉碎。让人感到不可思议的是，每当大多数的投资者强烈地预感到股价将会上涨或者经济将要好转时，却往往是正好相反的情况出现了。

★ 彼得·林奇

蒲式耳小麦，这个价格与前一天的收市价相比要低3美分。开盘时，成交价格从1.61美元到降到1.54美元。我对自己说："你明知是错的但还是去做，活该落得这样的下场。"这一次还是人性本能压倒了直觉判断，我坚信我的指令将会按照指定的价格1.61美元成交，也就是按照当天开盘价格区间的最高点买进。

就这样，当市场出现1.54美元的价格时，我又发出另一份指令，买进500万蒲式耳小麦。很快地，我就收到一份成交报告：买进500万蒲式耳五月小麦，成交价1.53美元。

我再次下达指令买进500万蒲式耳小麦。不到一分钟，成交报告就反馈过来：买进500万蒲式耳，成交价1.53美元。我想当然的确定我的第三笔买进指令的成交价是1.53美元。随后，我要到了第一笔交易指令的成交报告。下面就是经纪商交给我的成交报告：

"报告！已买进第一笔500万蒲式耳，完成您的第一份指令。

报告！已买进第二笔500万蒲式耳，完成您的第二份指令。

您第三份指令的成交报告为：

350万蒲式耳，成交价1.53美元。
100万蒲式耳，成交价1.53125美元。
50万蒲式耳，成交价1.5325美元。"

　　当天的最低价是1.51美元，第二天小麦已经回到1.64美元。这是有史以来，我第一次收到这种性质的限价指令成交报告。我发出的指令是按照1.61美元的价格买进500万蒲式耳——市场开盘价位于1.61美元，然后跌7美分至1.54美元，差额高达35万美元。

　　这之后没多久，我正好有事去了一趟芝加哥，与当地负责执行交易的经纪会面，问他那次交易的过程是怎样，为什么我的第一批限价盘能顺利成交。他说，当日正好有人在市场以"现货价"沽出3 500万蒲式耳。他也意识到一个问题，无论开市价如何低，市场上仍会有大量的小麦期货以较低的开市价成交，于是他一直等待，直至开市价下限出现，即以"现货价"成交。

　　他说，假设交易所当时没有收到我的买入盘，那么市场很可能会跳空低开。而从这些交易中，我前后一共赚到了300万美元利润。

　　这个例子充分验证了在投机性的市场上"做空"的价值，因为卖出的一方变为积极的买方，而那些积极买方在市场上看淡时，便会起到一定的稳定作用。

　　当然，要在今天的市场进行这种交易已经不可能了，因为美国商品交易所管理局①对任何个人在谷物市场的持仓数量做出了限制，只准持仓

---

① 1947年，美国"商品交易所管理局"成立并取代了原期货交易所委员会，到了1974年，联邦政府通过了一项新的法规——《商品期货交易委员会法》，宣布成立"商品期货交易委员会"，由总统直接任命，参议院批准，该委员会由五名专职委员组成，任期五年，委员会下设三个职能部门，分别为经济分析部、交易市场部和实施执行部。各部领导对委员会主席负责。——译者注

200万蒲式耳以下。此外，虽然个人在股票市场的交易量没有限制，但是根据现行管理沽空的法规，任何参与者同样是没有机会建立大规模的空仓的。

因此，我认为旧式投机者的辉煌时代已经过去了，他们的地位将会被"半投资者"来取代。这些半投资者虽然不能像前者那样在市场迅速赚取一笔丰厚的利润，但是，他们在某个时段内能够赚取的将会更多，并能保住利润。我坚信，日后成功的"半投资者"只会选择在心理时间交易，而且在每次大大小小的市场变动中，所占的比例比纯粹投机的人更多。

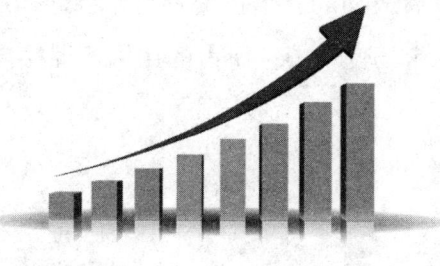

股 票 大 作 手 操 盘 术

第8章
利弗摩尔市场要诀

通过密切关注市场、持续记录行情记录，我终于认识到，如果要对即将到来的重大运动形成正确的意见，把握时间要素是最关键的。于是，我兴致勃勃地投入精力研究市场这方面的特性。

这些年来，投机事业已经成了我生活中最重要的一部分了。现在，我终于明白这样一点，股票市场上其实没有任何新东西，市场的涨跌总是在一直重复进行，也许不同股票的具体情况各有不同，但是从整体上来说，它们的一般价格形态是完全一致的。

就像我前面提到的，我总是有一种紧迫感，那就是必须妥善利用价格记录，使之成为预测价格运动的指南。在这项工作中，我投入了极大的热情。后来，我开始努力寻求一个新的方法，来帮助我预测市场未来走势。当然，这并非易事。

现在再来看看过去这些初步尝试，就能理解为什么当时不能马上获得辉煌的成果了。当时，我满脑子想的都是投机，我的目的很直接，就是要制定一种赢利策略，终日在市场里买进卖出，捕捉小规模的日内变动，这是错误的，幸亏我及时清醒地认识到这个错误。

我继续记录自己的行情记录，并且充满信心地认为这项工作是非常有价值的，相信这些价值只等自己去挖掘。经过长期努力，其中的秘密终于展现出来。我的行情记录明白地告诉我，它们不会帮助我预测每天微小的价格波动。但是，只要我睁大双眼留心观察，就能看到预告重大运动即将到来的价格形态正在形成。

从此以后，我决定不再去计较那些微小的每日波动。

通过持续、密切研究多种多样的行情记录，我终于认识到，如果要对即将到来的重大运动形成正确的意见，时间要素是至关紧要的。于是，我兴致勃勃，集中全力研究市场这方面的特性。我试图找出一种方法，来识别构成较小波动的成分。我意识到，即使市场处于明显趋势，其中也

> ⚓ 即使我的假设偶尔出错，我还是用它作为操作的假设。这并不是说大家应该总是逆势而行，正好相反，大部分的时间里，趋势会占优势，只是偶尔会自行修正错误，只有在这种状况下，大家才应该违反趋势。
>
> ★ 索罗斯

会包含许多小规模的振荡过程。过去它们令人混淆，但是，现在对我已经不是什么问题了。

我打算弄清楚自然的回调行情或自然的回升行情的初始阶段是由什么构成的。因此，我开始测算价格运动的幅度。起初，我计算的基本单位是一个点，这并不合适。后来是两个点，依此类推，直到最终得到结论，了解到构成自然的回撤行情或自然的回升行情初始阶段的波动幅度。

为了便于说明这个问题，我特意印制了一种特殊设计的表格纸，排列出不同的列，通过这样的表格来构成我所称的预期未来运动的地图。在这个表格中，每一只股票的行情都占六列，其价格按照规定分别记录在每一列内。这六列的标题分别如下：

第一列标题为次级回升。
第二列标题为自然回升。
第三列标题为上升趋势。
第四列标题为下降趋势。
第五列标题为自然回调。
第六列标题为次级回调。

如果把价格数据记录在上升趋势一栏，就用黑墨水填入。在它左面的两列里，都用铅笔填写。如果把价格数据记录在下降趋势一栏，就用红墨水填入。在它右侧的两列，也都用铅笔填写。

这样一来，不论是当我将价格数据记录到上升趋势一列，还是记录到下降趋势一列，看上去都非常直观，能够让我对当时的实际趋势形成强烈印象。把那些数据用墨水颜色明显来区分开，它们就会告诉我想要知道的东西。不论是红墨水还是黑墨水，一旦持续使用，它们就会明明白白地讲出一个故事。

如果一段时间内总是用铅笔记录行情，我就会明白，现在记录的只不过是自然的调整震荡。后面我将向读者展示我的股价记录。

据我推断，在某只股票价格达到30.00美元或更高的情况下，仅当市场从极端点开始回升或回落了大致6点的幅度之后，才能表明市场正在形成自然的回升过程或自然的回调过程。这一轮回升行情或回落行情并不意味着原先的市场趋势正在发生变化，只是表明市场正在经历一个自然的运动过程。市场趋势与回升或回落行情发生之前完全一致。

我先来解释一下，事实上我并不把单只股票的一点波动看作整个股票群趋势变化的标志。为了确认某个股票群的整体运动趋势已经明确改变，我会通过该股票群中两只股票的动作组合来构成整个股票群的标志，这就是所谓的组合价格。也就是说，把这两只股票的价格运动结合起来综合分析，就可以得出我所谓的"组合价格"。

我发现，单只股票有时候能够形成足够强烈的价格运动，强烈到足以写入我的股价记录表中上升趋势或下降趋势栏。但是，如果仅仅依赖这一只股票，就很可能会进入误判趋势的误区。将两只股票的运动结合起来，就能得到基本的保障。因此，趋势改变信号需要从组合价格变动上得到明确的验证。

下面我来具体说一下这一组合价格方法。我将严格坚持以6点运动准则作为判断依据。你会注意到，在我下面列举的记录中，有时候美国钢铁的变化可能仅仅是5点，与此同时伯利恒钢铁的相应变化则可能有7点，在这种情况下，我也把美国钢铁的价格记录在相应栏目内。原因是，把两只股票的价格运动组合起来构成组合价格，两者之和达到了12点或更多，正是所需的合适幅度。

当运动幅度达到一个记录点时——这种情况就是说两只股票平均都运动了6点时。那么从此之后，我便在同一列中接着记录此后每一天市场创造的新高价格，换句话来说，在上升趋势的情况下，只要最新价格高于前一个记录便列入记录；在下降趋势的情况下，只要最新价格低于前一个记录便列入记录。这个过程将一直持续到反向运动开始为止。

当然，后面这个朝着相反方向的运动，也是基于同样的原则来认定的，即两只股票的反向运动幅度达到平均6点、组合价格达到合计12点的原则。

下面我将举例解释这个"关键价格"的方法。首先，严格按照六个点作为记录变动的规则基础。读者在后面的记录中会看到，很多时候美国钢铁^①（U.S.Steel）的股价稍有变动（例如只有5.125个点）我便记录下来，这是因为伯利恒钢铁也出现了相同的变动（例如7个点）。将两只股票的股价变动加起来（也即12个点或更多），得出的差距便是"关键价格"。

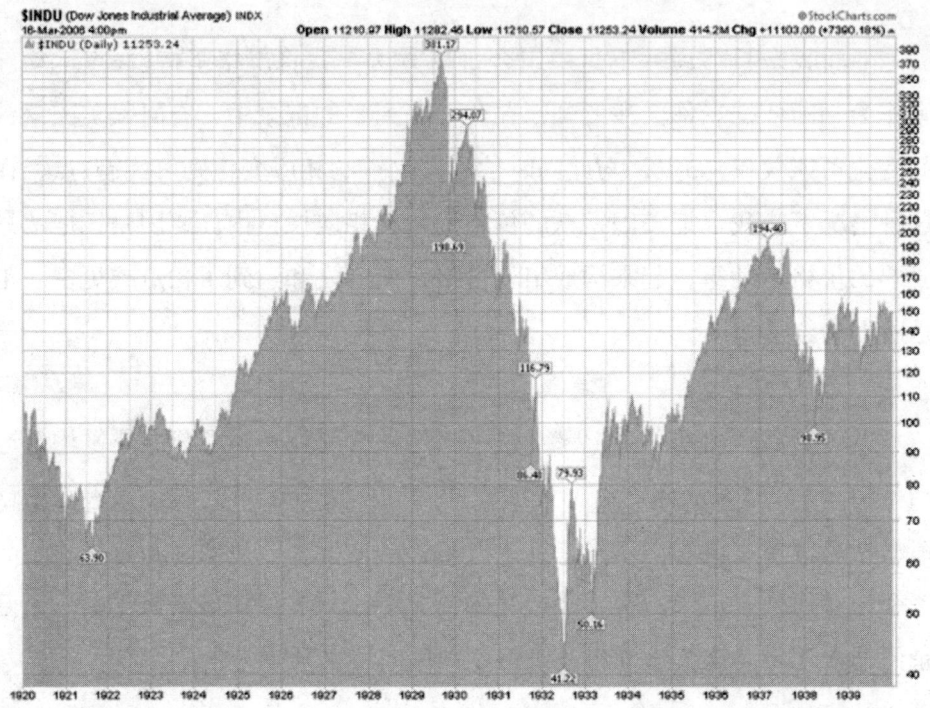

　　道琼斯工业指数走势图（1920—1940年）。道琼斯工业指数首次在1896年5月26日公布，指数是40.94点。它象征着美国工业中最重要的12种股票的平均数。1916年，道琼斯工业指数中的股票数目增加到20种，最后在1928年增加到30种。时至1940年，平均指数包括美国30间最大、最知名的上市公司。虽然名称中提及"工业"这两个字，但事实上其对历史的意义可能比实际上的意义还来得多些——因为30间构成企业里，大部分都已与重工业不再有关。由于补偿股票分割和其他的调整效果，它当前只是加权平均数，并不代表成分股价值的平均数。

———————————————

① 美国钢铁公司创立于1901年，并且在当年上市，成为首家市值超过10亿美元的大型企业。创办人包括艾伯特·H.加里（Elbert H.Gary），另外还有多位叱咤华尔街的名人都曾是其管理层。迄今为止，公司仍是美国最大的钢铁生产商之一。——译者注

任意一天，当值得记录的价格——即两只股票中每只的平均变动幅度为6个点——出现时，我便会在同一栏内不断记录市场的最高或最低股价。不管股价比"升势"栏内的上次价位还要高，或是比"跌势"栏内的上次价位还要低，我都是这样做，并重复这个过程，直至相反方向的走势开始呈现。这个走势转向当然也是采用平均6个点的变动幅度为基础，也即合计有12个点差距的"关键价格"。

读者可能会注意到一点，从那时起我从没有偏离这些点，其间也没有出现例外情况。如果结果与我预测的有出入，我也没有刻意去找借口。要记住，这些价位都是市场当日挂牌的实际成交价位，而并非我定下的交易价格。

如果说我一开始记录股价时便做到这一点，那便是过于自夸了，并且是误导和不可信的。我只可以说，经过多年的验证及观察，我认为这大概可以作为股价记录的基础，虽不中也不远矣。从这些记录中，可以勾画出一个图表，判断价格是否即将出现重大的变动。

俗话说，敢于决断才能获得成功。

同样地，这个方法能否成功应用，关键在于当你的记录显示时机到来时，你能否拿出勇气，果断行动，在过程中有一点犹豫都会功亏一篑。你必须按照这个方向训练自己的思路。如果你总是在等待别人给你解释、理由或保证，那么就会错过出击的时机。

我们来看个例子：美国市场所有股票快速上涨之后，欧洲战争爆发了，因此整个市场出现了一次"自然调整"。在这之后，四个主要股票类别的所有股票的价格都开始快速上涨，并不断创出新高——只有钢铁类股票例外。

只要按照我的方法记录股价，任何人都一定会注意到钢铁类股票的特殊表现。钢铁类股票为何没有跟随其他股票一样上涨，这其中必定有非常充分的理由。事实证明，这个理由的确非常充分！可是遗憾的是我当时完全不知情，当然我也很怀疑当时谁能给出一个令人信服的解释。每一个曾认真记录股价的人，都能从钢铁股的表现中了解到，钢铁股已经走到了末路穷途。

在4个月之后，也就是1940年1月中旬，公众才从一项公开的新闻中得悉钢铁股不能维持升势的真相，原来当时英国政府宣布抛售超过10万股美国钢铁股价，而加拿大亦卖出2万股。上述抛售消息宣布后，美国钢铁的股价由1939年9月的高位一下子跌落26点，而伯利恒钢铁也回落了29点。与钢铁股同时到达高位的其他三个主要类别的股票，当时的股价与最高位相差了2.5~12.75点。

这件事充分说明了一个问题，对智者来说，不要试图找出买入或沽出某只股票的"充分理由"。如果你一定要得悉准确原因才行动，那就会错失了最佳的交易时机！作为投资者或投机者，唯一要看的就是市场的"脸色"。每当市场走势不正常，或者说没有按照原本的方向发展，那你就应该立即改变看法，这个理由已经足够了。请记住，股价变动总是有其原因

的。另外也要记住一点，你只有在事后过了一段
时间，才会得悉股价变动背后的原因，可是要在
那时才试图获利就已经太迟了。

再重复一遍，当遇上重大变动时，不要奢望
这个方法能帮助你提升信心去掌握过渡性的波
动，进行额外的交易。这个方法的目的，只是预
测并掌握重大变动的开始及结束。因此，如果你
切实按照这个方法去做，就会一点点地发现其独
特价值。我重申一下，这个方法可能只适合股价
约为30美元及成交量活跃的股票。当中的基本原
则当然可用于预测所有股票的走势，然而对于股
价非常低的股票，则必须调整一下此方法。

这个方法其实并不复杂。如果对此抱有兴
趣，那么很快便能吸收各个阶段的内容，你会发
现一切浅显易懂。

下一章你可以看到我的股价记录表，其中也
有我所填写的数字做的详尽阐释。

> 当你有机会扩张时，
> 千万不要畏缩不前。
> ★ 索罗斯

> 当我对一项投资有绝
> 对把握时，我就去封杀
> 对手。要想成为大的赢
> 家，需要大的勇气。举
> 债经营需要勇气，只要
> 我对这笔投资有兴趣，
> 并有自信，我手中有多
> 少钱都会投进去。要干
> 就干大的。
> ★ 索罗斯

股 票 大 作 手 操 盘 术

第9章

规则解释

9.1 规则解释

1. 用黑笔将价格填在"升势"栏内。

2. 用红笔将价格填在"跌势"栏内。

3. 用铅笔将价格记录在其余四栏内。

4.（a）第一天在"自然调整"栏填写价格记录时，要在"升势"栏记录的最后价格下面画红色标记线。当"升势"栏记录的最后价格第一次出现大概6点的调整时，本方法开始实行。

（b）第一天在"自然回升"栏或"升势"栏填写价格记录时，要在"自然调整"栏记录的最后价格下面画上红色标记线。当"自然调整"栏记录的最后价格第一次出现大概6点的升幅时，本方法开始实行。同时你要观察两个"关键点"的变化，当市场转向其中一个时，根据股价记录，你就能够准确判断有关走势是否真正持续向上，或者走势已经结束。

（c）第一天在"自然回升"栏填写价格记录时，要在"跌势"栏记录的最后价格下面画上黑色标记线。当"跌势"栏记录的最后价格第一次出现大概6点的升幅时，本方法开始实行。

（d）第一天在"自然调整"栏或"跌势"栏填写价格记录时，要在"自然回升"栏记录的最后价格下面画上黑色标记线。当"自然回升"栏记录的最后价格第一次出现大概6点的调整时，本方法开始实行。

5.（a）在"自然回升"栏填写价格记录时，如果价格比"自然回升"栏记录的最后价格（下面画上黑色标记线）高出3个点或更多，就要在"升势"栏以黑笔记录此价格。

（b）在"自然调整"栏填写价格记录时，如果价格比"自然调整"栏记录的最后价格（下面画上红色标记线）低出3个点或更多，就要在"跌势"栏以红笔记录此价格。

6.（a）在"升势"栏记录价格之后，如果调整幅度达6点左右，则要在"自然调整"栏开始记录同一价格，而且其后每一天只要这只股票的成交价低于"自然调整"栏记录的最后价格，就要继续记录在这栏内。

（b）在"自然回升"栏记录价格之后，如果调整幅度达6点左右，则要在"自然调整"栏开始记录同一价格，而且其后每一天只要这只股票的成交价低于"自然调整"栏记录的最后价格，便继续记录在这栏内。如果成交价低于"跌势"栏记录的最后价格，便将价格记录在"跌势"栏内。

（c）在"跌势"栏记录价格之后，如果回升幅度达6点左右，则要在"自然回升"栏开始记录同一价格，而且其后每一天只要这只股票的成交价高出"自然调整"栏记录的最后价格，便继续记录在这一栏内。

（d）在"自然调整"栏记录价格之后，如果回升幅度达6点左右，则要在"自然回升"栏开始记录同一价格，而且其后每一天只要这只股票的成交价高出"自然回升"栏记录的最后价格，便继续记录在这一栏内。如果成交价高出"升势"栏记录的最后价格，便将价格记录在"升势"栏内。

（e）在"自然调整"栏开始填写价格记录时，如果价格低于"跌势"栏记录的最后价格，就要在"跌势"栏以红笔记录。

（f）在"自然回升"栏填写记录时应使用同一方法；如果价格高于"升势"栏记录的最后价格，就不应再在"自然回升"栏记录，而是要在"升势"栏以黑笔记录。

（g）如果价格持续记录在"自然调整"栏内，此时"自然调整"栏记录的最后价格回升幅度达6点左右，但是又没有高过"自然回升"栏记录的最后价格，就要在"次级回升"栏填写价格，并将其后的价格一直记录在这栏内，直至价格高过"自然回升"栏记录的最后价格。如果出现这种情况，便应回到"自然回升"栏开始记录价格。

（h）如果价格一直记录在"自然回升"栏内，此时的价格调整达6点左右，后面没有低于"自然调整"栏所记录的最后价格，就要在"次级调整"栏填写价格，并将其后的价格继续记录在这一栏内，直至价格低于"自然调整"栏记录的最后价格。一旦出现这种情况，便应回到"自然调整”栏开始记录价格。

7．填写个别股票的“关键价格”时应使用同一方法，不过假设你使用的不是6点而是12点作为基准的话就不在此例。

8.在“自然回升”或者“自然调整”栏记录价格，那么在“跌势”或“升势”栏记录的最后价格就是“关键点”。回升或调整结束后，就到相反的栏内去记录价格，前面一栏内的最高或最低价就是另一个“关键点”。如果价格触及了两个“关键点”，那么这些价格记录就变得很有价值，它们可以帮你预测下一次重大行情的到来。因此，用红笔或黑笔在价格下面画上两条线，提醒自己在记录价格时注意观察这两个“关键点”。只要价格接近这两个“关键点”，便要加倍关注。选择动手的时机，便取决于那以后的价格记录。

9.（a）看到“跌势”栏以红笔记录的最后价格下面画了黑线时，就是在该点附近可以买入股份的信号。

（b）看到“自然回升”栏记录的价格下面画了黑线时，且股票在下一次回升时接近“关键点”，就要看一下市场是否已经准备好并可以扭转趋势，令价格路线转向“升势”栏。

（c）看到“升势”栏记录的最后价格下面画了红色线时，或者看到“自然调整”栏记录的最后价格下面画了红色线时，采取相同做法。

10.（a）利用这种方法，可以看清楚股票在经过第一次“自然回升”或“自然调整”后，是否沿着应有的方向发展。如果股票是在向正常的方向趋近——不管是上升还是下跌——便会冲破之前的"关键点"——有一些股票的冲破幅度为3个点，而"关键价格"的冲破幅度为6个点。

（b）如果股票没有出现上面所说的情况，而调整幅度又低于上一个"关键点"——"升势"栏的价格下面画了红色线的价格——3个点或更多，那便显示股票的"升势"已经结束。

（c）对于"跌势"栏的记录亦应使用同一方法。每一次"自然回升"结束，新的价格都会记录在"跌势"栏内，如果已经步入了"跌势"的话，这些新记录的价格跌幅必须低于上一个画黑线的"关键点"2个点或更多。

（d）如果股票没有出现上面所说的情况，而回升幅度又高出上一个"关键点"——在"跌势"栏的价格下面画了黑线——3个点或更多，那便显示股票的"跌势"已经结束。

（e）在"自然回升"栏记录价格时，如果回升幅度在"升势"栏的最后一个"关键点"——下面画红色线的价格——下面的不远处停下来，而股票又从那个价格调整3个点或更多，那就要提高警惕，这显示股票的"升势"已经结束。

（f）在"自然调整"栏记录价格时，如果调整幅度在"跌势"栏的最后一个"关键点"——下面画了黑线——上面的不远处停下来，而股票又从那个价格回升3个点或更多，那同样要提高警惕，这显示股份的"跌势"已经结束。

9.1 图表① 及阐释

1.表9-1

如表9-1所示，4月2日，在"自然回升"栏开始记录股票价格。参考"规则解释"6（b）。

在"跌势"栏的最后价格下面画上黑线。参考"规则解释"4（c）。

4月28日，在"自然调整"栏开始记录价格。参考"规则解释"4（d）。

2.表9-2

股价记录全部紧接前一页进行，以便读者时刻都能留意到"关键点"。

如表9-2所示。5月5日~21日期间（包括第一天及最后一天）并没有价格记录，因为这段时间的价格没有低于"自然调整"栏记录的最后价格，回升幅度也微小得不必记录。

5月27日，伯利恒钢铁股价以红笔记录，因为该股价低于"跌势"栏

---

① 本章图表中的数字为分数形式。——译者注

记录的前一个价格。参考"规则解释"6（c）。

6月2日，伯利恒钢铁到达43美元的买入时机。参考"规则解释"10（c）及10（d）。在同一天，美国钢铁也到达42.25美元的买入时机。参考"规则解释"10（f）。

6月10日，在伯利恒钢铁的"次级回升"栏记录股价。参考"规则解释"6（e）。

表9-1

日期	次级回升	自然回升	升势	跌势	自然调整	次级调整	次级回升	自然回升	升势	跌势	自然调整	次级调整	次级回升	自然回升	升势	跌势	自然调整	次级调整
		$65\frac{4}{5}$							57						$122\frac{3}{4}$			
				$48\frac{1}{2}$							$43\frac{1}{4}$					$91\frac{1}{4}$		
		$62\frac{1}{8}$							$56\frac{7}{8}$						128			
				$48\frac{1}{4}$							$50\frac{1}{8}$						$98\frac{3}{8}$	
1938								$56\frac{7}{8}$										
日期			美国	国铁											关键价格			
3月23日				47							$50\frac{1}{4}$						$97\frac{1}{4}$	
24																		
25				$44\frac{1}{4}$						$43\frac{1}{4}$		伯利恒钢铁				$91\frac{1}{2}$		
26*				44						46						90		
28				$43\frac{5}{8}$												$89\frac{5}{8}$		
29				$39\frac{5}{8}$						43						$82\frac{5}{8}$		
30				39						$42\frac{1}{8}$						$81\frac{1}{8}$		
31				38						40						78		
4月1日																		
2*		$63\frac{1}{2}$						$46\frac{3}{8}$						$89\frac{7}{8}$				
4																		
5																		
6																		
7																		
8																		
9*		$46\frac{1}{2}$						$49\frac{3}{4}$						$96\frac{1}{4}$				
11																		
12																		
13		$47\frac{1}{4}$												97				
14		$47\frac{1}{2}$												$97\frac{1}{4}$				
16*		49						52						101				
18																		
19																		
20																		
21																		
22																		
23*																		
25																		
26																		
27																		
28					43													
29					$42\frac{3}{8}$						45						$87\frac{3}{8}$	
30*																		
5月2日					$41\frac{1}{2}$						$44\frac{1}{4}$						$85\frac{3}{4}$	
3																		
4																		

说明：标有［＊］的日期为星期六。

表9-2

	次级回升	自然回升	升势	跌势	自然调整	次级调整	次级回升	自然回升	升势	跌势	自然调整	次级调整	次级回升	自然回升	升势	跌势	自然调整	次级调整
				38						40						78		
		49						52						101				
1938					$41\frac{1}{2}$						$44\frac{1}{4}$						$85\frac{1}{4}$	
日期			美国	国铁						伯利恒钢铁						关键价格		
5月5日																		
6																		
7*																		
9																		
10																		
11																		
12																		
13																		
14*																		
16																		
17																		
18																		
19																		
20																		
21*																		
23											$44\frac{1}{8}$						$85\frac{3}{8}$	
24											$43\frac{1}{2}$						85	
25					$41\frac{3}{8}$						$42\frac{1}{2}$						$83\frac{7}{8}$	
26					$40\frac{1}{8}$						$40\frac{1}{2}$						$80\frac{5}{8}$	
27					$39\frac{7}{8}$					$39\frac{1}{4}$							$79\frac{5}{8}$	
28*																		
31					$39\frac{1}{4}$												79	
6月1日																		
2																		
3																		
4*																		
6																		
7																		
8																		
9																		
10							$46\frac{1}{2}$											
11*																		
13																		
14																		
15																		
16																		

说明：标有［＊］的日期为星期六。

3.表9-3（见下页）

如表9-3所示，6月20日，将美国钢铁的股价记录在"次级回升"栏。参考"规则解释"6（g）。

6月24日，将美国钢铁及伯利恒钢铁的股价以黑笔记录在这两只股票的"升势"栏。参考"规则解释"5（a）。

7月11日，将美国钢铁及伯利恒钢铁的股价记录在这两只股票的"自然调整"栏。参考"规则解释"6（a）及4（a）。

7月19日，将美国钢铁及伯利恒钢铁的股价以黑笔记录在这两只股票的"升势"栏，因为上述股价高于该两栏记录的最后价格。参考"规则解释"4（b）。

表9-3

	次级回升	自然回升	升势	跌势	自然调整	次级调整	次级回升	自然回升	升势	跌势	自然调整	次级调整	次级回升	自然回升	升势	跌势	自然调整	次级调整
				38						40						78		
		49						52						101				
					$39\frac{1}{4}$						$39\frac{1}{4}$		伯利恒钢铁				79	
							$46\frac{1}{2}$											
1938																		
日期			美国	国铁											关键价格			
6月17日																		
18*																		
20	$45\frac{3}{8}$						$48\frac{1}{4}$						$93\frac{7}{8}$					
21	$46\frac{1}{2}$						$49\frac{7}{8}$						$96\frac{3}{8}$					
22	$48\frac{1}{2}$						$50\frac{7}{8}$						$99\frac{3}{8}$					
23		$51\frac{1}{4}$						$53\frac{1}{4}$						$104\frac{1}{2}$				
24			$52\frac{3}{4}$						$55\frac{1}{8}$						$108\frac{7}{8}$			
25*			$54\frac{7}{8}$						$58\frac{1}{8}$						113			
27*																		
28																		
29			$56\frac{7}{8}$						$60\frac{1}{8}$						117			
30			$58\frac{3}{8}$						$61\frac{5}{8}$						120			
7月1日			59												$120\frac{5}{8}$			
2*			$60\frac{7}{8}$						$62\frac{1}{2}$						$123\frac{3}{8}$			
5																		
6																		
7			$61\frac{3}{4}$												$124\frac{1}{4}$			
8																		
9*																		
11					$55\frac{5}{8}$						$56\frac{3}{4}$						$112\frac{3}{8}$	
12					$55\frac{1}{2}$												$112\frac{1}{4}$	
13																		
14																		
15																		
16*																		
18																		
19			$62\frac{3}{8}$						$63\frac{1}{8}$						$125\frac{1}{2}$			
20																		
21																		
22																		
23*																		
25*																		
26			$63\frac{1}{4}$												$126\frac{3}{8}$			
27																		
28																		
29																		

说明：标有［＊］的日期为星期六。

4.表9-4（见下页）

如表9-4所示，8月12日，因为美国钢铁的股价没有低于"自然调整"栏记录的最后价格，故将该价格记录在"次级调整"栏。在同一天，因为伯利恒钢铁股价低于该股票"自然调整"栏记录的最后价格，故将股价记录在"自然调整"栏。

8月24日，将美国钢铁及伯利恒钢铁的股价记录在这两只股票的"自然回升"栏。参考"规则解释"6（d）。

8月29日，将美国钢铁及伯利恒钢铁的股价记录在这两只股票的"次级调整"栏。参考"规则解释"6（h）。

表9-4

	次级回升	自然回升	升势	跌势	自然调整	次级调整	次级回升	自然回升	升势	跌势	自然调整	次级调整	次级回升	自然回升	升势	跌势	自然调整	次级调整
			$61\frac{3}{4}$						$62\frac{1}{2}$						$124\frac{1}{4}$			
				$55\frac{1}{2}$							$56\frac{3}{4}$						$112\frac{1}{4}$	
			$63\frac{1}{4}$						$63\frac{1}{8}$						$126\frac{3}{8}$			
1938																		
日期			美国	国铁					伯利恒钢铁						关键价格			
7月30日*																		
8月1日																		
2																		
3																		
4																		
5																		
6*																		
8																		
9																		
10																		
11																		
12					$56\frac{5}{8}$							$54\frac{7}{8}$						$111\frac{1}{2}$	
13*					$56\frac{1}{2}$							$54\frac{5}{8}$						$111\frac{1}{8}$	
15																		
16																		
17																		
18																		
19																		
20*																		
22																		
23																		
24		$61\frac{5}{8}$						$61\frac{3}{8}$						123				
25																		
26		$61\frac{7}{8}$						$61\frac{1}{2}$						$123\frac{3}{8}$				
27*																		
29					$56\frac{1}{8}$							55						—
30																		
31																		
9月1日																		
2																		
3*																		
6																		
7																		
8																		
9																		
10*																		

说明：标有［*］的日期为星期六。

5.表9-5（见下页）

如表9-5所示，9月14日，将美国钢铁的股价记录在"跌势"栏。参考"规则解释"5（b）。在同一天，继续将伯利恒钢铁的股价记录在"自然调整"一栏，因为与前一个画了红线的价格比较，该股价的跌幅没有多于3个点。

9月20日，将美国钢铁及伯利恒钢铁的股价记录在这两只股票的"自然回升"栏。关于美国钢铁和伯利恒钢铁的情况，分别参考"规则解释"6（c）及6（d）。

9月24日，将美国钢铁的股价以红笔记录在"跌势"栏，成为该栏的新价格。

9月29日，将美国钢铁及伯利恒钢铁的股价记录在这两只股票的"次级回升"栏。参考"规则解释"6（g）。

10月5日，将美国钢铁的股价以黑笔记录在"升势"一栏。参考"规则解释"5（a）。

10月8日，将伯利恒钢铁的股价以黑笔记录在"升势"栏。参考"规则解释"6（d）。

表9-5

	次级回升	自然回升	升势	跌势	自然调整	次级调整	次级回升	自然回升	升势	跌势	自然调整	次级调整	次级回升	自然回升	升势	跌势	自然调整	次级调整
			$63\frac{1}{4}$						$63\frac{1}{8}$						$126\frac{3}{8}$			
					$55\frac{1}{2}$						$54\frac{3}{8}$						$111\frac{1}{8}$	
		$61\frac{7}{8}$						$61\frac{1}{2}$						$123\frac{3}{8}$				
1938						$56\frac{1}{8}$												
日期			美国	国铁					伯利恒钢铁						关键价格			
9月12日																		
13				$54\frac{1}{4}$												$107\frac{7}{8}$		
14				52						$53\frac{5}{8}$						$104\frac{1}{2}$		
15										$52\frac{1}{2}$								
16																		
17*																		
19																		
20		$57\frac{5}{8}$						$58\frac{1}{4}$										
21		58												$116\frac{1}{4}$				
22																		
23																		
24*				$51\frac{7}{8}$						52						$103\frac{7}{8}$		
26				$51\frac{1}{8}$						$51\frac{1}{4}$						$102\frac{3}{8}$		
27																$101\frac{7}{8}$		
28				$50\frac{7}{8}$						51								
29	$57\frac{1}{8}$						$57\frac{3}{4}$						$114\frac{7}{8}$					
30		$59\frac{1}{4}$						$59\frac{1}{2}$						$118\frac{3}{8}$				
10月1日*		$60\frac{1}{4}$						60						$120\frac{1}{4}$				
3		$60\frac{3}{8}$						$60\frac{3}{8}$						$120\frac{3}{4}$				
4																		
5			62						62						124			
6			63						63						126			
7																		
8*			$64\frac{1}{4}$						64						$128\frac{1}{4}$			
10																		
11																		
13			$65\frac{3}{8}$						$65\frac{1}{8}$						$130\frac{1}{2}$			
14																		
15*																		
17																		
18																		
19																		
20																		
21																		
22*			$65\frac{7}{8}$						$67\frac{1}{2}$						$133\frac{3}{8}$			
24			66												$133\frac{1}{2}$			

说明：标有［*］的日期为星期六。

6.表9-6（见下页）

如表9-6所示，11月18日，将美国钢铁及伯利恒钢铁的股价记录在这两只股票的"自然调整"栏。参考"规则解释"。

表9-6

日期	次级回升	自然回升	升势	跌势	自然调整	次级调整	次级回升	自然回升	升势	跌势	自然调整	次级调整	次级回升	自然回升	升势	跌势	自然调整	次级调整
1938			66						$67\frac{1}{2}$						$133\frac{1}{2}$			
日期			美国	国铁					伯利恒钢铁						关键价格			
10月25日			$66\frac{1}{8}$						$67\frac{7}{8}$						134			
26																		
27			$66\frac{1}{2}$						$68\frac{7}{8}$						$135\frac{3}{8}$			
28																		
29*																		
31																		
11月1日									69						$135\frac{1}{2}$			
2																		
3									$69\frac{1}{2}$						136			
4																		
5*																		
7			$66\frac{3}{4}$						$71\frac{7}{8}$						$138\frac{5}{8}$			
9			$69\frac{1}{2}$						$75\frac{3}{8}$						$144\frac{7}{8}$			
10			70						$75\frac{1}{2}$						$145\frac{1}{2}$			
12*			$71\frac{1}{4}$						$77\frac{5}{8}$						$148\frac{7}{8}$			
14																		
15																		
16																		
17																		
18					$65\frac{1}{8}$						$71\frac{7}{8}$							137
19*																		
21																		
22																		
23																		
25																		
26*					$63\frac{1}{4}$						$71\frac{1}{2}$							$134\frac{3}{4}$
28					61						$68\frac{3}{4}$							$129\frac{3}{4}$
29																		
30																		
12月1日																		
2																		
3*																		
5																		
6																		
7																		
8																		

说明：标有［＊］的日期为星期六。

7.表9-7（见下页）

12月14日，将美国钢铁及伯利恒钢铁的股价记录在这两只股票的"自然回升"栏。参考"规则解释"6（d）。

12月28日，将伯利恒钢铁的股价以黑笔记录在"升势"栏，成为高于该栏最后价格的股价。

1月4日，按照"利弗摩尔方法"分析，下一个市场走势正显现出来。参考"规则解释"10（a）及10（b）。

1月12日，将美国钢铁及伯利恒钢铁的股价记录在这两只股票的"次级调整"栏。参考"规则解释"6（h）。

表9–7

	次级回升	自然回升	升势	跌势	自然调整	次级调整	次级回升	自然回升	升势	跌势	自然调整	次级调整	次级回升	自然回升	升势	跌势	自然调整	次级调整
			71¼						77⅝						148⅞			
					61						68¾						129¾	
1938 日期			美国	国铁					伯利恒钢铁						关键价格			
12月9日																		
10*																		
12																		
13																		
14		66⅝						75¼						141⅞				
15		67⅛						76⅜						143⅛				
16																		
17*																		
19																		
20																		
21																		
22																		
23																		
24*																		
27																		
28		67¾						78						145⅜				
29																		
30																		
31*																		
1939年1月3日																		
4		70							80						150			
5																		
6																		
7*																		
9																		
10																		
11											73¾							
12					62⅝						71½						134⅛	
13																		
14*																		
16																		
17																		
18																		
19																		
20																		
21*					62						69½						131½	

说明：标有［＊］的日期为星期六。

8.表9-8（见下页）

1月23日，将美国钢铁及伯利恒钢铁的股价记录在这两只股票的"跌势"栏。参考"规则解释"5（b）。

1月31日，将美国钢铁及伯利恒钢铁的股价记录在这两只股票的"自然回升"栏。参考"规则解释"6（c）及4（c）。

表9-8

	次级回升	自然回升	升势	跌势	自然调整	次级调整	次级回升	自然回升	升势	跌势	自然调整	次级调整	次级回升	自然回升	升势	跌势	自然调整	次级调整
			$71\frac{1}{4}$						$77\frac{5}{8}$						$148\frac{7}{8}$			
				61							$68\frac{3}{4}$						$129\frac{3}{4}$	
		70						80						150				$131\frac{1}{2}$
1939					62						$69\frac{1}{2}$							
日期			美国 国铁								伯利恒钢铁				关键价格			
12月9日			$57\frac{7}{8}$						$63\frac{3}{4}$						$121\frac{5}{8}$			
24			$56\frac{1}{2}$						$63\frac{1}{2}$						$119\frac{3}{4}$			
25			$55\frac{5}{8}$						63						$118\frac{5}{8}$			
26			$53\frac{1}{4}$						$60\frac{1}{4}$						$113\frac{1}{2}$			
27																		
28*																		
30																		
31		$59\frac{1}{2}$						$68\frac{1}{2}$						128				
2月1日																		
2														$128\frac{1}{2}$				
3																		
4*		$60\frac{5}{8}$						69						$129\frac{5}{8}$				
6								$69\frac{7}{8}$						$130\frac{3}{4}$				
8																		
9																		
10																		
11*																		
14																		
15																		
16								$70\frac{3}{4}$						$131\frac{5}{8}$				
17		$61\frac{1}{8}$						$71\frac{1}{4}$						$132\frac{5}{8}$				
18*		$61\frac{1}{4}$												$132\frac{1}{2}$				
20																		
21																		
23																		
24		$62\frac{1}{4}$						$72\frac{3}{8}$						$134\frac{5}{8}$				
25*		$63\frac{3}{4}$						$74\frac{3}{4}$						$138\frac{1}{2}$				
27																		
28		$64\frac{3}{4}$						75						$129\frac{3}{4}$				
3月1日																		
2																		
3		$64\frac{7}{8}$						$75\frac{1}{4}$						140				
4*								$75\frac{1}{2}$						$140\frac{3}{8}$				
6																		
7																		

说明：标有［＊］的日期为星期六。

9.表9-9（见下页）

3月16日，将美国钢铁及伯利恒钢铁的股价记录在这两只股票的"自然调整"栏。参考"规则解释"6（b）。

3月30日，将美国钢铁的股价记录在"跌势"栏，成为低于该栏前一个价格的股价。

3月31日，将伯利恒钢铁的股价记录在"跌势"栏，成为低于该栏前一个价格的股价。

4月15日，将美国钢铁及伯利恒钢铁的股价记录在这两只股票的"自然回升"栏。参考"规则解释"6（c）。

表9-9

	次级回升	自然回升	升势	跌势	自然调整	次级调整	次级回升	自然回升	升势	跌势	自然调整	次级调整	次级回升	自然回升	升势	跌势	自然调整	次级调整
				$53\frac{3}{4}$						$60\frac{1}{4}$						$113\frac{1}{2}$		
1939		$64\frac{7}{8}$						$75\frac{1}{2}$						$140\frac{3}{8}$				
日期			美国 国铁						伯利恒钢铁						关键价格			
12月9日		65												$140\frac{1}{2}$				
9		$64\frac{1}{2}$							$75\frac{7}{8}$						$140\frac{3}{8}$				
10																		
11*																		
13																		
14																		
15																		
16				$59\frac{5}{8}$						$69\frac{1}{4}$						$128\frac{7}{8}$		
17				$56\frac{3}{4}$						$66\frac{3}{4}$						$123\frac{1}{2}$		
18*				$54\frac{3}{4}$						65						$119\frac{3}{4}$		
20																		
21																		
22				$53\frac{1}{2}$						$63\frac{5}{8}$						$117\frac{1}{8}$		
23																		
24																		
25*																		
27																		
28																		
29																		
30				$52\frac{1}{8}$						62						$114\frac{1}{8}$		
31				$49\frac{7}{8}$						$58\frac{3}{4}$						$108\frac{5}{8}$		
4月1日*																		
3																		
4				$48\frac{1}{4}$						$57\frac{5}{8}$						$105\frac{7}{8}$		
5																		
6				$47\frac{1}{4}$						$55\frac{1}{2}$						$102\frac{3}{4}$		
8*				$44\frac{7}{8}$						$52\frac{1}{2}$						$97\frac{3}{8}$		
10																		
11				$44\frac{3}{8}$						$51\frac{5}{8}$						96		
12																		
13																		
14																		
15*		50						$58\frac{1}{2}$						$108\frac{1}{2}$				
17																		
18																		
19																		

说明：标有［*］的日期为星期六。

10.表9-10（见下页）

5月17日，将美国钢铁及伯利恒钢铁的股价记录在这两只股票的"自然调整"栏。翌日，即5月18日，将美国钢铁的股价记录在"跌势"栏。参考"规则解释"6（d）。

5月19日，在伯利恒钢铁的"跌势"栏股价下面画上红线，以表示该股价与"跌势"栏记录的最后价格相同。

5月25日，将美国钢铁及伯利恒钢铁的股价记录在这两只股票的"次级回升"栏。参考"规则解释"6（c）。

表9–10

	次级回升	自然回升	升势	跌势	自然调整	次级调整	次级回升	自然回升	升势	跌势	自然调整	次级调整	次级回升	自然回升	升势	跌势	自然调整	次级调整
			$44\frac{3}{8}$							$51\frac{5}{8}$						96		
1939		50						$58\frac{1}{2}$						$108\frac{1}{8}$				
日期		美国	国铁						伯利恒钢铁						关键价格			
4月20日																		
21																		
22*																		
24																		
25																		
26																		
27																		
28																		
29*																		
5月1日																		
2																		
3																		
4																		
5																		
6*																		
8																		
9																		
10																		
11																		
12																		
13*																		
15																		
16																		
17					$44\frac{5}{8}$						52						$96\frac{5}{8}$	
18				$43\frac{3}{4}$													$95\frac{1}{4}$	
19											—						$94\frac{7}{8}$	
20*																		
22																		
23																		
24																		
25	$48\frac{3}{4}$						$57\frac{3}{4}$						$106\frac{1}{2}$					
26	49						58						107					
27*	$49\frac{3}{8}$							—					$107\frac{7}{8}$					
29		$50\frac{1}{4}$						$59\frac{3}{8}$						$109\frac{5}{8}$				
31		$50\frac{7}{8}$						60						$110\frac{7}{8}$				
6月1日																		

说明：标有［＊］的日期为星期六。

11.表9–11（见下页）

6月16日，将伯利恒钢铁的股价记录在"自然调整"栏。参考"规则解释"6（b）。

6月28日，将美国钢铁的股价记录在"自然调整"栏。参考"规则解释"6（b）。

6月29日，将伯利恒钢铁的股价记录在"跌势"栏，成为低于该栏最后价格的股价。

7月13日，将美国钢铁及伯利恒钢铁的股价记录在这两只股票的"次级回升"栏。参考"规则解释"6（g）。

表9-11

	次级回升	自然回升	升势	跌势	自然调整	次级调整	次级回升	自然回升	升势	跌势	自然调整	次级调整	次级回升	自然回升	升势	跌势	自然调整	次级调整
				$44\frac{3}{8}$						$51\frac{5}{8}$						96		
		50												$108\frac{1}{2}$				
				$43\frac{1}{4}$				$55\frac{1}{2}$		—						$94\frac{7}{8}$		
1939		$52\frac{7}{8}$						60						$110\frac{7}{8}$				
日期			美国国铁								伯利恒钢铁					关键价格		
6月2日																		
3*																		
5																		
6																		
7																		
8																		
9																		
10*																		
12																		
13																		
14																		
15																		
16											50							
17*																		
19																		
20																		
21																		
22																		
23																		
24*																		
26																		
27																		
28					45						$52\frac{1}{2}$						$97\frac{1}{2}$	
30				$43\frac{3}{4}$						51						$94\frac{3}{4}$		
7月1日*				$43\frac{5}{8}$						$50\frac{1}{4}$						$93\frac{3}{8}$		
3																		
5																		
6																		
7																		
8*																		
10																		
11																		
12																		
13	$48\frac{1}{4}$						$57\frac{1}{4}$						$52\frac{1}{2}$					
14																		

说明：标有［*］的日期为星期六。

12.表9-12（见下页）

7月21日，将伯利恒钢铁的股价记录在"升势"栏；翌日，即7月22日，将美国钢铁的股价记录在"升势"栏。参考"规则解释"5（a）。

8月4日，将美国钢铁及伯利恒钢铁的股价记录在这两只股票的"自然调整"栏。参考"规则解释"4（a）。

8月23日，将美国钢铁的股价记录在"跌势"栏，成为低于该栏前一个价格的股价。

表9–12

日期	次级回升	自然回升	升势	跌势	自然调整	次级调整	次级回升	自然回升	升势	跌势	自然调整	次级调整	次级回升	自然回升	升势	跌势	自然调整	次级调整
				$43\frac{1}{4}$						$51\frac{5}{8}$				$110\frac{7}{8}$		$94\frac{7}{8}$		
		$50\frac{7}{8}$						60										
				$43\frac{5}{8}$				$50\frac{1}{4}$								$93\frac{7}{8}$		
1939	$48\frac{1}{4}$						$57\frac{1}{4}$						$105\frac{1}{2}$					
日期			美国	国铁					伯利恒钢铁						关键价格			
7月15日*																		
17	$50\frac{3}{4}$							$60\frac{3}{8}$					$111\frac{1}{8}$					关键价格
18		$51\frac{7}{8}$						62					$113\frac{7}{8}$					
19																		
20																		
21	$52\frac{1}{2}$								63				$115\frac{1}{2}$					
22*		$54\frac{1}{8}$							65				$119\frac{1}{8}$					
24																		
25		$55\frac{1}{8}$								$65\frac{3}{4}$				$102\frac{7}{8}$				
26																		
27																		
28																		
29*																		
31																		
8月1日																		
2																		
3																		
4																		
5*					$49\frac{1}{2}$						$59\frac{1}{2}$						109	
7																		
8					$49\frac{1}{4}$												$108\frac{3}{4}$	
9																		
10											59						$108\frac{1}{4}$	
11					$47\frac{3}{4}$						58						$105\frac{3}{4}$	
12*					47												105	
14																		
15																		
16																		
17					$46\frac{1}{2}$												$104\frac{1}{2}$	
18					45						$55\frac{1}{8}$						$100\frac{1}{8}$	
19*																		
21					$43\frac{3}{8}$						$53\frac{3}{8}$						$96\frac{3}{4}$	
22																		
23				$42\frac{5}{8}$													96	
24				$41\frac{5}{8}$							$51\frac{7}{8}$					$93\frac{1}{2}$		
25																		

说明：标有［＊］的日期为星期六。

13. 表9–13（见下页）

8月29日，将美国钢铁及伯利恒钢铁的股价记录在这两只股票的"自然回升"栏。参考"规则解释"6（d）。

9月2日，将美国钢铁及伯利恒钢铁的股价记录在这两只股票的"升势"栏，成为高于该两栏前一个价格的股价。

9月14日，将美国钢铁及伯利恒钢铁的股价记录在这两只股票的"自然调整"栏。参考"规则解释"6（a）及4（a）。

9月19日，将美国钢铁及伯利恒钢铁的股价记录在这两只股票的"自然回升"栏。参考"规则解释"6（d）及4（b）。

9月28日，将美国钢铁及伯利恒钢铁的股价记录在这两只股票的"次级调整"栏。参考"规则解释"6（h）。

10月6日，将美国钢铁及伯利恒钢铁的股价记录在这两只股票的"次级回升"栏。参考"规则解释"6（g）。

表9–13

日期	次级回升	自然回升	升势	跌势	自然调整	次级调整	次级回升	自然回升	升势	跌势	自然调整	次级调整	次级回升	自然回升	升势	跌势	自然调整	次级调整
				$43\frac{1}{1}$						$50\frac{1}{2}$						$93\frac{7}{8}$		
			$55\frac{1}{8}$						$65\frac{3}{4}$						$120\frac{7}{8}$			
																		关键价格
1939				$41\frac{5}{8}$						$51\frac{7}{8}$						$96\frac{1}{2}$		
日期		美国	国铁						伯利恒钢铁						关键价格			
7月26日*																		
28																		
29		48						$60\frac{1}{2}$						$108\frac{1}{2}$				
30																		
31																		
9月1日		52						$65\frac{1}{2}$						$117\frac{1}{2}$				
2*			$55\frac{1}{4}$						$70\frac{3}{8}$						$125\frac{5}{8}$			
5			$66\frac{7}{8}$						$85\frac{1}{2}$						$152\frac{3}{8}$			
6																		
7																		
8			$69\frac{3}{4}$						87						$156\frac{3}{4}$			
9*			70						$88\frac{3}{4}$						$158\frac{3}{4}$			
11			$78\frac{5}{8}$						100						$178\frac{5}{8}$			
12			$82\frac{3}{4}$												$182\frac{3}{4}$			
13																		
14				$76\frac{3}{8}$						$91\frac{3}{4}$						$168\frac{1}{8}$		
15																		
16*				$75\frac{1}{2}$						$88\frac{3}{8}$						$163\frac{7}{8}$		
18				$70\frac{1}{2}$						$83\frac{3}{4}$						$154\frac{1}{4}$		
19		78						$92\frac{3}{8}$						$170\frac{3}{8}$				
20		$80\frac{5}{8}$						$95\frac{5}{8}$						$176\frac{1}{4}$				
21																		
22																		
23*																		
25																		
26																		
27																		
28					$75\frac{1}{8}$						89						$164\frac{1}{8}$	
29					$73\frac{1}{2}$						$86\frac{3}{4}$						$160\frac{1}{4}$	
30*																		
10月2日																		
3																		
4					73						$86\frac{1}{4}$						$159\frac{1}{4}$	
5																		
6	$78\frac{1}{2}$						$92\frac{3}{4}$						$171\frac{1}{4}$					
7*																		

说明：标有［*］的日期为星期六。

14.表9-14（见下页）

11月3日，将美国钢铁的股价记录在"次级调整"栏，成为低于该栏最后价格的股价。

11月9日，在美国钢铁的"自然调整"栏填上短横线"—"，表示股价与该栏记录的最后价格相同；而在同一天，在伯利恒钢铁的"自然调整"栏内填上新价格，成为低于该栏最后价格的股价。

表9–14

	次级回升	自然回升	升势	跌势	自然调整	次级调整	次级回升	自然回升	升势	跌势	自然调整	次级调整	次级回升	自然回升	升势	跌势	自然调整	次级调整
			$82\frac{3}{4}$							100						$182\frac{3}{4}$		
					$70\frac{1}{2}$						$83\frac{3}{4}$						$154\frac{1}{4}$	
		$80\frac{5}{8}$						$95\frac{5}{8}$							$176\frac{1}{4}$			
					73						$86\frac{1}{4}$							$159\frac{1}{4}$
1939	$78\frac{1}{2}$						$92\frac{3}{4}$						$171\frac{1}{4}$					
日期			美国	国铁							伯利恒钢铁					关键价格		
10月9日																		
10																		
11																		
13																		
14*																		
16																		
17	$78\frac{7}{8}$						$93\frac{7}{8}$						$172\frac{3}{4}$					
18	$79\frac{1}{4}$												$173\frac{1}{2}$					
19																		
20																		
21*																		
23																		
24																		
25																		
26																		
27																		
28*																		
30																		
31																		
11月1日																		
2																		
3					$72\frac{1}{8}$													
4*																		
6																		
8					$72\frac{1}{8}$						$68\frac{1}{8}$							$158\frac{1}{4}$
9			—								$83\frac{1}{4}$						$153\frac{3}{4}$	
10*			$68\frac{3}{4}$								$81\frac{1}{4}$						$150\frac{1}{2}$	
13																		
14																		
15																		
16																		
17																		
18*																		
20																		
21																		
22																		

说明：标有［*］的日期为星期六。

15.表9-15（见下页）

11月24日，将美国钢铁的股价记录在"跌势"栏。参考"规则解释一6（e）。第二天，即11月25日，将伯利恒钢铁的股价记录在"跌势"栏。参考"规则解释"6（e）。

12月7日，将美国钢铁及伯利恒钢铁的股价记录在这两只股票的"自然回升"栏。参考"规则解释"6（c）。

表9-15

	次级回升	自然回升	升势	跌势	自然调整	次级调整	次级回升	自然回升	升势	跌势	自然调整	次级调整	次级回升	自然回升	升势	跌势	自然调整	次级调整
			$82\frac{3}{4}$						100							$182\frac{3}{4}$			
					$70\frac{1}{2}$							$83\frac{3}{4}$						$154\frac{1}{4}$	
		$80\frac{5}{8}$							$95\frac{5}{8}$						$176\frac{1}{4}$				
1939					$68\frac{3}{4}$							$81\frac{3}{4}$						$150\frac{1}{2}$	
日期			美国	国铁						伯利恒钢铁					关键价格				
11月24日				$66\frac{7}{8}$								81						$147\frac{7}{8}$	
25*										$80\frac{1}{4}$								$147\frac{5}{8}$	
27																			
28																			
29				$65\frac{7}{8}$							$78\frac{1}{8}$						144			
30				$63\frac{5}{8}$							77						$140\frac{5}{8}$			
12月1日																			
2*																			
4																			
5																			
6																			
7		$69\frac{3}{4}$							84						$153\frac{3}{4}$				
8																			
9*																			
11																			
12																			
13																			
14									$84\frac{7}{8}$						$154\frac{5}{8}$				
15																			
16*																			
18																			
19																			
20																			
21																			
22																			
23*																			
26																			
27																			
28																			
29																			
30*																			
1940年1月2日																			
3																			
4																			
5																			
6*																			

说明：标有［*］的日期为星期六。

16.表9-16（见下页）

1月9日，将美国钢铁及伯利恒钢铁的股价记录在这两只股票的"自然调整"栏。参考"规则解释"6（b）。

1月11日，将美国钢铁及伯利恒钢铁的股价记录在这两只股票的"跌势"栏，成为低于该两栏最后价格的股价。

2月7日，在伯利恒钢铁的"自然回升"栏内填上价格，这是回升幅度第一天所需要达到的6个点。第二天，将美国钢铁及伯利恒钢铁的股价，连同其"关键价格"，记录在这两只股票的"自然回升"栏内；而"关键价格"的升幅已达到值得记录的适当差距。

表9-16

日期	次级回升	自然回升	升势	跌势	自然调整	次级调整	次级回升	自然回升	升势	跌势	自然调整	次级调整	次级回升	自然回升	升势	跌势	自然调整	次级调整
															$140\frac{5}{8}$			
				$63\frac{5}{8}$						77				$154\frac{5}{8}$				
1940		$69\frac{1}{4}$						$84\frac{7}{8}$										
日期			美国 国铁							伯利恒钢铁					关键价格			
1月8日																		
9				$64\frac{1}{4}$												$142\frac{3}{4}$		
10				$63\frac{3}{4}$												$142\frac{1}{4}$		
11				62						$76\frac{1}{2}$						$138\frac{1}{2}$		
12				$60\frac{1}{8}$						$74\frac{1}{8}$						$134\frac{1}{4}$		
13*				$59\frac{5}{8}$						$73\frac{1}{2}$						$133\frac{1}{8}$		
15				$57\frac{1}{2}$						72						$129\frac{1}{2}$		
16																		
17																		
18				$56\frac{7}{8}$						$71\frac{1}{2}$						$128\frac{1}{8}$		
19										71						$127\frac{7}{8}$		
20*																		
22				$55\frac{7}{8}$						$70\frac{1}{8}$						126		
23																		
24																		
25																		
26																		
27*																		
29																		
30																		
31																		
2月1日																		
2																		
3*																		
5																		
6																		
7																		
8								$76\frac{3}{8}$										
9		61						78						139				
10*	$61\frac{3}{4}$							$79\frac{1}{2}$						$141\frac{1}{4}$				
13																		
14																		
15																		
16				$56\frac{1}{8}$														
17*																		
19																		

说明：标有［*］的日期为星期六。

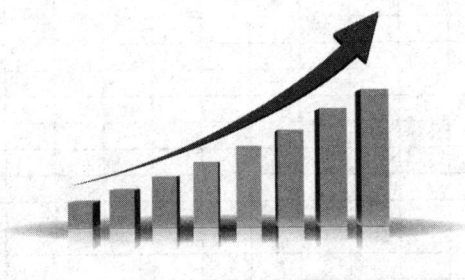

股 票 大 作 手 操 盘 术

附录一
杰西·利弗摩尔小传

入市之初

杰西·利弗摩尔（Jesse Livermore）于1877年7月26日出生在美国麻州，他的父亲在新英格兰以务农为生，家境较为贫困。这个顶着一头金黄头发、有着蓝眼睛、瘦削身材的少年不满生活的现状，当父亲要他辍学加入家庭劳动时，才14岁的他，选择了离家出走，去寻找一种可以满足自己野心的生活。于是利弗摩尔的传奇人生开始了，在他的一生中，赞誉和批评的声浪无数。他被同时代人冠上"华尔街之熊"和"华尔街独狼"等绰号；江恩称其为"最伟大的交易员"，而"债券大王"格罗索则视其为启蒙老师和偶像。

口袋里揣着母亲给的几元钱，利弗摩尔背起行囊只身前往波士顿。

他很快在一个小的股票公司找到一份行情收报员的差事，虽然工资微薄，每个星期才领6美元，但是温饱问题得到了解决。利弗摩尔的工作就是每天坐在营业厅的黑板前，只要行情收报机的股票报价一进来，他就立刻扯开嗓门大喊，并且将数字抄写在大黑板上。在这里，他第一次接触到股票。

那个时候波士顿有许多对赌行，这些店面的柜台仿佛赌场一样，客户在这里对股票的价格变动打赌，他们总是自以为是地认为自己可以预测出各种货币和各种股票指数的涨落。你按每点多少钱下注，如果股票指数上涨，你就赢了；但是如果指数下跌10个点，你就赔掉下注数的10倍。于是人们像赛马和足球赛的赌博一样，两面下注。精明的人可以买进一种指数而卖出另一种指数，就像任何商品经营一样，赢利来自两种价格的差价。

利弗摩尔年轻的心也被这种刺激的投机交易鼓动着。他很聪明，一直坚持在工作中学习，很快就能用百分比来表示价格的起落。不仅如此，他还开始做笔记，把抄黑板时抄到的数字记下来，这些雀跃跳动的数字在纸上渐渐形成了一个有变化的图形。他不停地记录下每天的股票数字，埋首研读它们，试图找到这些图形变化的规律。"在职训练"让他亲眼目睹股市里面的交易活动，以及人们如何参与市场。他注意到，大部分人的行为举止乱无章法，不照一定的规则或既定的计划去做，也不肯下工夫研究股市和它的走势，所以投资股市稳赔不赚。

利弗摩尔在15岁的时候开始第一次买卖股票，这次交易是和朋友一起完成的。他们凑了5美元，在一家对赌行下单买了伯灵顿的股票，这是利弗摩尔对自己学习成绩的一次小小检验——他查了自己的行情记录本，看了伯灵顿股票最近的交易形态，相信价格一定上涨，最后这只股票果然上涨了，利弗摩尔分到3.12美元的利润，初战告捷。

利弗摩尔就这样开始了自己的证券投资生涯。20岁那年，他凭借数字方面的天赋和在"指数"赌博活动上的特殊才能，赚了很多钱，但由于损害到对赌行的利益，波士顿和纽约两地的对赌行对他下达了禁足令，不准他进场买卖。但他并没有就此罢手，依然来回涉足两地的对赌行，如果在某座城市被发现，就跑到另一座城市去操作。由于操作十分成功，同行都称他是"拼命三郎"。

少年发迹

看够了对赌行的白眼后，利弗摩尔告别了波士顿，踌躇满志地赶赴纽约，他打算在纽约证券交易所中一展身手，操作那些在交易所挂牌交易的股票。那一年他21岁。

但是在纽约，利弗摩尔并没有声名鹊起。短短6个月时间，他不但把2 500美元的老本赔个精光，还欠了经纪公司500美元。他借了一点钱回到对赌行打算赚出自己的本钱。这时候他发现一个规律，对赌行总是第一时间做出报价，而纽约证券交易所则延后报价。因此他根据对赌行的实时报价，迅速做出交易，然后小赚一笔。两天后，他怀揣2 800美元杀回纽约，并将欠款的500美元还给经纪公司。但是回到纽约后，他发现操作起来还是比他想象中要难，依旧只能保持不亏损的状态。

无奈之下他又重回对赌行交易。为了方便操作，利弗摩尔隐瞒了自己的身份，在对赌行交易，他如鱼得水，账户里面的钱果然很快增加到1万美元。但是好景不长，他又被空壳证券商的老板逮到，封杀在门外。

1901年，利弗摩尔大胆买入在纽约证交所挂牌的北太平洋公司的股票，1万美元翻了5倍，净赚了4万美元。这次操作的成功让他信心大增，很快他判断出股市要短暂回调，于是建立了两个空头头寸，但是由于不熟悉里面的操作，虽然看对了行情，但是这笔交易还是让他赔了钱。利弗摩尔怕了吗？没有！反复的亏损教会利弗摩尔一件事：要想明白市场的运作规律，必须不怕亏损。为了成功，他绝不会轻易放弃，并不断分析错误和总结经验。这个时候的利弗摩尔总结了不可或缺的专门技术和经验：

（1）控制情绪（控制影响每一位交易人的心理层面）。

（2）拥有经济学和景气状况基本面的知识（这是了解若干事件对市场和股价可能造成什么影响的必要智能）。

（3）保持耐性（愿意放手让利润越滚越大，是杰出交易人不同于平庸交易人的特质）。

他认为必备的另外四种关键技能和特质是：

观察——只看事实资料。

记忆——记住关键事件，以免重蹈覆辙。

数学——了解数字和基本面。这是利弗摩尔的一种天赋。

经验——从你的经验和错误中学习。

在挫折中学习，在学习中进步，年轻的利弗摩尔已经创下多个纪录。15岁那年，他赚到第一个1 000美元。20岁那年，赚进第一个1万美元。账户里的资金，曾经上升到5万美元，虽然两天后又全部还给了市场。他尝尽市场上的酸甜苦辣，但他始终不曾放弃。慢慢地利弗摩尔开始掌握了一种试探性操作策略。

该策略的执行方式是先建立一个小头寸，测试一下那只股票。这就是试探性操作策略，目的是观察初步的研究是否正确。如果股价走势符合规划的方式，就买入更多，但陆续买进的股票，价位一定越来越高，这一做法就是金字塔操作策略（在股票上涨途中加码经营）。这一策略在当时听起来离经叛道，因为大部分人认为，要买到便宜货，应该逢低承接，而不是越买越高才对。但另辟蹊径的利弗摩尔认为，最近买进的股票，如果走势证明交易商是对的，放手买进更多，交易商得到的报酬便能锦上添花，投资利益更上一层楼。他总是在价格上涨途中，执行逢高摊平操作，而不是下跌时逢低摊平。

经过不断地探索和实践，他的操作技能逐渐成熟起来，到了30岁，股票操作对他来说更为得心应手。1906年底，股票市场牛市走到了尽头，利弗摩尔把股票操作用在卖空上，随着价格不断下跌，空头头寸的规模越来越大。空头市场初期阶段在1907年形成，卖空操作让他大赚特赚，不到31岁，他已成为百万富翁。他敏锐的直觉提醒他哪家公司的股票已处在高位的警戒区域，什么时候可能掉头向下。他变成一头职业化的熊，专门从事卖空来发财致富。利弗摩尔以卖空闻名，实际上也因卖空聚积了大量财富。

1907年，利弗摩尔预测到股票市场崩盘在即，10月24日他买入轧平空头头寸，一天就赚进300万美元，并引起了美股的大崩盘。当时，金融巨子J.P.摩根（J.P.Morgan）还派人央求他不要再卖空，他感觉自己"那一刻成了股市之王"。

利弗摩尔的成功不是偶然的，他有着自己特殊的思考方式和习惯，他不允许别人影响他的思考。到了办公室，他不准助手在工作时间讲话，而且他整天大部分时候都站着。这么做，是为了看清楚报价行情，也因为他相信，直立的完美姿势，能让他的思考更为敏锐。据说他的桌子干净得连一张纸也看不到，桌面整理得井井有条。

当然，利弗摩尔也有失策的时候，比如他在1908年的一场棉花囤积投机中，损失了100万美元。

由于第一次世界大战爆发，钢铁和汽油给他带来了巨大的利润。他算准美国会从战争中捞取好处，促进国家工业的发展。因此他选择做多头股票操作。在停战协定签订的时候，他又转做空头，因为他知道回国的士兵必然失业，这样会搅乱过热的经济。

也就是在这个时候，利弗摩尔转战商品市场。他结识了人称棉花大王的帕西·托马斯。不过，利弗摩尔开始和托马斯往来时，托马斯已经因为几次操作不顺，失去所有的财富。但是利弗摩尔仍然视托马斯为棉花界的传奇人物。托马斯说服利弗摩尔买入棉花，但利弗摩尔很快就发现，他的棉花头寸损失惨重。这次棉花交易，让利弗摩尔损失了几百万美元，他把失败归结为打破了自己的市场操作守则。首先他放弃独自操作，听信他人之言，以至于损失惨重；其次，他没有及时止损，选择死抱棉花不放。利弗摩尔一时深陷债务之中，进入了人生的低谷。

声誉再起

经过几年的恢复性操作，1917年，利弗摩尔在华尔街恢复了显赫声誉。1917年5月13日，《纽约时报》的一篇文章这样评论利弗摩尔：华尔街浮夸不实的交易人退场，目前的投机客和以前煽风点火的市场炒手比起来，更像是学生和经济学家。这篇文章提到利弗摩尔，认为他是华尔街上有深刻影响力和成功的股票交易人。

重新在证券市场上站住脚后，利弗摩尔时时保持高度的警觉，他埋首研读行情，并且分析市场和个股的价格动向。他不但在操作上严守纪律，也律己甚严，这些都成了传奇性的故事。例如，他每天清晨在住处闭门研究，时间通常选在早餐前一两个小时。独处的这段宁静的时光，没人打扰，对他来说十分重要。经过一晚充分的休息，他发现晨间静思，头脑特别清醒。他可以分析经济状况、前一天的新闻，然后决定他相信应该采取的适当行动，以及市场可能会有的反应。

从1928年年末到1929年年初，牛市行情非常火爆。利弗摩尔拼命做多，赚取了巨额利润。到了1929年，赫伯特·胡佛当上总统时，当时股票市场简直好到让人不敢信服的程度，但股市老手利弗摩尔却有种不好的预感，他坚信熊市即将来临。3月份，他在石油公司股票上做空，不久股票大跌，他买进卖出股票，在短短3个小时的时间里，赚取了20万美元。

如今的利弗摩尔是名利双收，自然引起众人的羡慕忌妒，成了大家的眼中钉。他的豪宅餐厅可容纳46人同时用餐，在地下室还有个理发店，理发师常年和他们住在一起。他每天要抽10支哈瓦那雪茄烟，每天傍晚他都开着奢华的劳斯莱斯，在纽约的大街上兜风，车上总是坐着风情万种的娇媚女郎。

报纸、电台开始不停地抨击他，称他为"投机小子"，指责他专做空头，违背市场交易原则大肆买空卖空。更让人忌妒的是他的空头买卖总是赢利，再加上他奢华高调的生活方式，众人对他恨得咬牙切齿。在世界各地的别墅里他养了许多女人，这是罪名之一。他还恬不知耻地自吹是迷倒众生的花花公子，这是罪名之二。

在1929年的整个夏季直到秋天，美国经济持续高涨，人们都把这段时间称为美好时光。资金还是源源不断地从美国的各个角落涌向华尔街，股票市场成为当之无愧的全国性第一大消遣娱乐场所。当时，进入股市的成本非常低，于是出现了一支强大的由小赌客组成的炒股队伍，他们从银行里提出他们的100美元、200美元或300美元的存款，投入股票市场中。

但是利弗摩尔此刻头脑清醒，他努力查找各方面资料和信息，并把自己的情报和报刊上的分析进行详细比较。最终利弗摩尔得出了结论——美国的工业即将走入困境，美国的银行业也即将衰退，经济虚假繁荣的背后隐藏着一次狂风暴雨。利弗摩尔相信，美国的股票市场将会出现一个前所未有的最大熊市，股市指数将会暴跌。

1929年9月，哈特雷金融诈骗案震惊了整个英国，货币安全成了英国人最忧心的事情。得知此消息后，利弗摩尔对英格兰银行不采取补救措施感到费解，难道他们不救是因为无能为力吗？于是利弗摩尔派他的英国"间谍"探明情况。原来是英国银行准备提高利率，并且美国联邦储备银行也打算把利率提高1个百分点。利弗摩尔因此判断，银行利率一提高，去银行存钱的人多了，这样一来，股市的流动资金就会大大减少。接着就会出现抛售股票的浪潮，股价必定大跌。

消息灵通的利弗摩尔听说一位叫巴布森的经济学家，连续3年都在全国的商业会议上发表演说，预言经济的黑暗时期要到来。1928年，巴布森在一次会议上曾预言，如果民主党人史密斯当上总统的话，就会把人们带进经济萧条。但是不巧的是那一年史密斯和民主党人没有上台，胡佛和共和党人成功上台，这让巴布森的警告失去了意义。但是冷静聪明的利弗摩尔通过各种数据分析，清楚地知道巴布森的警告是有利用价值的。

利弗摩尔为了得到更准确的消息，命令下属一定要关注巴布森的动向。不久之后，巴布森发表一场重要的演讲。巴布森对一大群记者说："用不了多久，就会发生一场大崩溃，那会使得主要股票遭殃，并将道琼斯指数下降60至80点。"

此后不到半小时，各报社记者都通过电话向编辑部发回消息："经济学家预测股市将下降60至80点。"就在巴布森在讲台上的讲演时，利弗摩尔已经果断地开始了卖空操作，30万美元股票被他卖出。

利弗摩尔抢先一步继续不停地抛售卖空，空头头寸数额惊人。巴布森看空的消息出来后股市大跌，这时又有别的经济学家出来驳斥巴布森的观点。第二天上午，利弗摩尔突然不再继续卖空，而是买入平仓，几天之后股市又恢复了往日的平静，而利弗摩尔则从中大赚了一笔。

在同年10月份，熊市果然到来了。10月24日，股市价格狂跌，第一场"大爆炸"让股市跌得粉身碎骨。10月29日，股市依然狂跌不止，第二场"爆炸"把股市炸得奄奄一息。许许多多的股民，随着股市的惨跌，手中的财富瞬间化为乌有。

但是，股市的投机家利弗摩尔，并没有和大多人一样沉浸在悲痛中，反而窝在纽约附近乡村的豪宅里悠闲地喝他的香槟酒，因为他早已把手中的股票抛售一空。

悲戚晚年

据说，利弗摩尔每年年末都会把自己关在金库3天，在成堆纸钞里，检讨一整年的交易得失。

在年前的一个周末，利弗摩尔会带着一个公文包到银行，公文包里头装满他过去一年的所有交易纪录与笔记。在银行经理的陪伴下，他们来到了银行大金库，庞大的钢制大门两旁，各站着一名武装警卫。洞穴般的金库里，有一排装满巨额现金的箱子——里面放着利弗摩尔的5 000万美元存款。

这里防守严密，天花板上的红灯从利弗摩尔进入金库的一刻开始闪烁，警铃每20秒作响一次，这里还有利弗摩尔的属下为他准备好的各种食品：冰块、面包、冷盘、蔬菜、水……接下来的3天，利弗摩尔将在这里度过，他让自己隐遁在深深的孤寂中，在成堆纸钞里认真思考。

星期一早上离开前，利弗摩尔会打开那些装满现钞的箱子，把身上的口袋尽情地塞满，接下来的两个星期，他要尽情地挥霍掉这些钞票。

对利弗摩尔来说，这是一种新年仪式，他必须摸到这些钱，并且在金钱中反省自己。他常提醒那些投机客：任何有心从事投机的人，都应该将投机视为事业，而不是像许多人一样，把它当成纯赌博。

糟糕的是，即使利弗摩尔如此自律自省，好运还是离利弗摩尔越来越远了。

1930年，对利弗摩尔绝对不能算是个好年头。不知道什么原因，也许是他改变了交易方式，不能准确地把握股票市场了，又或许是因为家事的干扰让他思路混乱——妻子因为他的不忠，正在闹离婚，又或者像很多名人一样，在自己的职业生涯中总有个巅峰，一旦他们走过了，前进的脚步就慢了……总之，利弗摩尔突然之间变成了进入冬眠状态的昏昏沉沉的大熊。

到1931年年底的时候，利弗摩尔一半的财产不见了。到1933年，剩下的另一半也消失了。

更夸张的是，利弗摩尔在一些胜算把握很大的生意上，竟然还赔掉了大约3 000万美元。这些生意并没有什么难处，但即使这样，利弗摩尔也无法稳操胜券了。

恰巧这时候，对于卖空的规则证券交易委员会做了许多修改。在这以前，那些规则不利于买方，而现在则需要卖方多加注意。利弗摩尔过去专做卖空生意，新规则对他有了更多束缚，这对身陷困境的利弗摩尔来说无疑是雪上加霜。

一年多的时间，利弗摩尔完全变成了另外一个人。在股票交易大厅里，人们会看见他衣着邋遢，常常喝得醉醺醺的，整个人看起来疯疯癫癫。最初刚进股市的时候，他曾摔得粉身碎骨，而现在更是变成了案板上的一块鱼肉，任由曾经的对手宰割。

1934年3月4日，利弗摩尔穷困潦倒，不得不申请破产。经过财务人员核算，利弗摩尔欠下高达226万美元的债款。而他剩下的钱，只有18.4美元。

此刻的利弗摩尔变成了孤家寡人，他的妻子早已弃他不顾。他孤零零地一个人住进了条件极差的廉价公寓。豪华轿车没有了，豪华住宅和别墅、游泳池没有了，勤劳的佣人和管家没有了，一切都烟消云散了。

利弗摩尔像一个输光钱的赌徒一样，没事就空手去股票交易大厅转一圈。交易大厅里照样人头攒动，熙熙攘攘。他看到了像他以前那样的大赢家，满面春风得意扬扬，也看到了一些输家满脸沮丧。一些以前被他玩惨了的炒股者，还会拿他开玩笑："喂，利弗摩尔，你今天又抛了几百万？"

1939年年底，他决定写一本《股票大作手操盘术》，谈他的操作策略。在这本书中，他毫无保留地阐述了自己的操作策略和投资思想，对于所有渴望在股市中有所成就的交易者来说都是一本必读好书。遗憾的是，这本书显然晚了十几年，当他风头正劲时，这本书可能会卖出几百万册，现在却没有人会喜欢输家。这本书甚至让他变得更窘迫——为出版这本书，他奔走相告，欠下了更多的债务。

1940年11月，一个寒冷的冬天，房东敲响利弗摩尔的房门逼讨房租。他吃下仅有的半块面包，从寓所后门偷偷溜了出来。最后他走进一家大旅馆的卫生间，从口袋里掏出早已准备好的手枪，对准自己的脑袋扣动了扳机，并留下一张纸条："我的一生是个失败。"

一个伟大的作手就这样离开了人世，尽管他没有始终保持他的辉煌战绩，最后落得极其悲惨的下场，但作为华尔街20世纪最大的神话，无论是他的追随者还是劲敌都承认——杰西·利弗摩尔是最杰出的股市操盘手之一。

附录二
杰西・利弗摩尔投资理论解读

1.逆向操作的投资策略

投资策略包括顺势投资策略和逆向投资策略两种，而利弗摩尔对于逆向投资策略有非常深入的见解。

利弗摩尔认为逆向投资策略就是投资者通过衡量一般投资大众的意见，当发现大众的观点、认识、方法和思维趋向一致，达到极端不合理的状况时，所采取的反其道而行之的交易策略。它的基本逻辑是:如果群众持有某种看法,而且每个人都根据那个看法采取行动，那么市场上就没有新资金可以继续推动股价朝那个方向前进，那么此时利用极端意见,就很有把握从中短时间内获得巨大利润。

在实际操作中，杰西・利弗摩尔已经成功验证了他的操作思路：在利弗摩尔加码空单的第二天，公司传来了旧金山大地震的消息。关于对消息的反应，股市权威人士大多认为：不要管消息是好是坏，而是要看市场的反应。

意外的是，面对一场可怕的大灾难，股市并没有反映出很多人预想中的暴跌，开盘时仅下跌了几点。很多人放松了警惕，但是这时利弗摩尔坚信："大盘并非总是一下子就反映出趋势"，因此他继续保留着空单。让人敬佩的是，在隔天传来了完整的报导以后，在市场反应仍没有应有的那么强烈的情况下，利弗摩尔仍坚信自己的信念并再次加码放空一倍。不久，市场终于反映了现实，这时利弗摩尔全部回补，短短几天赚得了极大的利润。

当然，现在的投资者大多推崇顺势操作，顺势操作交易理念也日渐成熟，然而在众多的假突破日益增多之际，作为一名合格、出色的交易者只运用顺势交易策略参与交易显然有些不足。尤其是在期货市场里，如果你不能及时察觉顶部的异常，那么你不仅不能利用难得的机会获取暴利，反而会让整个趋势中辛苦赚来的利润，在一天或几天内大幅消失。

因此，投资者应该学习一下利弗摩尔的这种逆向操作思维，当然这可能并不是一件简单的事情。

首先，逆向投资思维打破了以往大众循环式的思维模式。一般的投资者总是牛市期间高度兴奋积极交易，熊市期间极度压抑清淡交易。这个转变对投资者无疑是一个巨大的挑战，没有足够的经验和磨炼是无法达成的。

其次，根据一般投资者的分析习惯，总是要站在自己的视角分析问题。但是当趋势有转折的时候，无论是基本分析还是技术分析，能够帮助投资者分析和决策的只能是大众心理分析和逆向思维。然而，心理分析和逆向思维恰恰又是众多投资者所欠缺和难以掌握的，因为心理分析和逆向思维的运用，不仅需要投资者保持视角的多样性和灵活性，还需要从人性角度和现实角度去观察问题。

最后，逆向投资策略的实行也需要投资者合理的资金管理方法和严格的执行操作能力。毕竟在市场大众意见一致时，它在短期内推动的力量是极为快速和巨大的，一旦交易者无法承受压力，那么极有可能又会随大众趋势而行，以致放弃逆向投资策略。

2. 从投资中赚钱的诀窍是评估市场趋势

从实际操作中杰西·利弗摩尔明白了一个道理：赚大钱不是靠股价的涨跌，而是靠主要波动，更确切地说，就是靠评估整个市场和市场趋势做交易。能够同时判断正确又坚持不动的人很罕见，利弗摩尔发现这是最难学习的一件事情。但是股票作手只有确实了解这一点之后，他才能够赚大钱。

杰西·利弗摩尔发现，他的一厢情愿的想法从来都没有为替他赚过大钱，倒是当他持股观望的时候，却赚了大钱。杰西·利弗摩尔因此明白投资成功的重点在于评估整个市场和它的趋势，跟着趋势走总是对的。

对此，他说："从我的经验中，我总结出来的差不多就是这些——研究总体情况，建立仓位，并且坚持不动。我能够没有半点不耐烦的等待，也能够毫不动摇的面对下跌，因为我知道这只是暂时现象。"

"有一个事实是，没人能够抓住所有的波动。在牛市里，投资人所能做的就是买进后捂着，直到你认为牛市已近尾声。"

"（关于做波段）我知道如果我这样做，可能就会失掉我的仓位，从而肯定会失去赚大钱的机会。"

3.研究个股趋势要先研究大盘趋势

利弗摩尔在做任何买卖交易时都一定会遵守一个原则，那就是以研究大盘趋势为基础。也就是说，他一定要等到大盘趋势上涨时才开始买进，或者在大盘下跌时才开始做空。利弗摩尔从来不轻忽大盘趋势，每当市场停滞或是上下震荡的时候，他总是选择留在场外。

如果我们观察利弗摩尔的整个投资生涯就会发现，他一直坚定地重复这些原则：个人对趋势的预期绝对不应该左右你的交易；假如你不放过每一个交易日，天天投机，你就不可能成功；每年仅有很少的几次机会，可能只有四五次，只有这些时机，才可以允许自己下场开始交易；在上述时机之外的时间里，你应该耐心地等待，让市场逐步酝酿下一场大幅运动。

利弗摩尔认为，市场的基本形势决定了个股的走势，因此当你在买卖股票时，确定当前的市场趋势比其他任何事情都重要。无论如何，我们需要等到大盘进入上涨行情时再做多股票，等待大盘进入下跌趋势时再做空股票。

"对于投资者而言，我们要做的事是在多头市场看多，在空头市场看空。"

"我的预测是整个大盘都会下跌，身在其中的任何一只股票也不可避免地跟着下跌，不管背后有没有炒作集团。"

"当市场趋势开始走向我预测的方向时，我有生以来第一次感到我找到了世界上最强大、最真实的盟友，是的，那就是市场的基本趋势。市场趋势竭尽全力帮助我，或许趋势在调动个股方面有时慢了一些，但是他们很可靠，只要我耐心等待，就总会有所收获。我不是拿报价纸带的分析技巧或第六感来赌运气，我在遵照市场趋势行事。我对事情必然性的思维定式在替我赚钱。"

4.追随强势的股票才能获得最大收益

利弗摩尔总是喜欢买入那些最强势的股票，它们是行情的领头羊。他一直认为，投资者在操作时一定要追随领头羊，特别是那些领头行业和强势行业中的领头股票。

那么，怎样寻找领头羊股票呢？领头羊股票的一个重要特征是总是能突破阻力区域、率先创造新的最高价格，或是在熊市末期第一批突破盘整区域进入多头趋势、第一批创出股价新高。行业的兴衰总是随着时间的推移而变化，一些高利润的行业会慢慢衰落，而另一些行业又将进入高速发展期，比如我们会发现，上一轮牛市的领头羊很少能继续成为今天的领头羊。

因此要抓住领头羊股票就要保持灵活性，不要总对过去的领头羊股票念念不忘。记住，今天的领头羊很可能不是两年之后的领头羊。后浪推前浪，股票市场也不断抛弃过去的领头羊，新领头羊取代了旧领头羊的位置。以前牛市中的领头羊股票很难成为新的牛市中的领头羊股票，这是很有道理的，因为经济和商业情况的变化将产生更大预期利润的新的交易机会。

对于辨识领头羊股票的问题，利弗摩尔给出了建议：

"这时也就给出了危险的信号，当那些行情的领头羊股票在数个月以来首次从最高点开始下跌，并且没有再回到高点时，我早已预期的警告就来临了。这些股票的下跌速度会非常快，这一点清楚的说明我有必要调整我的交易策略。"

"那些股票已一路跟随趋势上涨了数月。如果这些股票不再跟着趋势继续上涨——尽管牛势仍然强劲，那么对于这些特定的股票而言，其牛市行情其实就已经结束了。对于其他的股票来说，其趋势仍是明显上升的。"

5.金字塔买入原则

金字塔买入原则，在关键点试探性买入，符合预期后在更高价位，分批加码。这条原则被趋势追随者沿用至今。

利弗摩尔提醒投资者，股票的价格永远不会高到让你不能买进，也不会低到不能卖出。但是做交易时，除非在第一笔交易后获得了成功，否则别再继续买进。利弗摩尔说，如果你的头笔交易已经处于亏损状态，就绝不要继续跟进，绝不要摊低亏损的头寸，一定要把这个想法深深地刻在你的脑子里。只有当股价不断上涨的情况下，才继续购买更多的股份。如果是向下做空，只有股价符合你的估测时，才一路加码。

利弗摩尔指出，投资者在买入股票时，不应该一次把所有资金全部都投入进去，而要考虑到选错股的可能。等到股价走势证明我们对趋势的判断是正确的，才可以进一步投入。换句话说，当股价像我们希望的那样上涨的时候，分批买入，仓位由小到大。

关于金字塔买入原则，利弗摩尔给了投资者如下提示：

"开始交易时，除非你确信你的判断完全正确，否则全部买进或卖出是很不明智的。"

"在第一笔交易之后，除非第一笔获得利润，否则不要做第二笔，要等待和观望市场的动向。"

"投资者要搞清这种简单的算术，输的时候只输小钱的做法是聪明的。当然，如果按我说的方法下赌注的话，他总是能够赢得大赌注。"

6.投机是智慧与情商的综合游戏

在儿子赚到1万美金时，利弗莫尔的母亲劝儿子远离风险巨大的股票市场，用这笔巨款做踏实的生意，而利弗摩尔回答说：我并不是在赌博，投机是一场精确的计算。

利弗摩尔认为并非每个人都适合操作股票。就像他在《股票大作手操盘术》开篇说的那样："投机是天底下最富魔力的游戏。但是，这个游戏不适合愚蠢的人，不适合懒于动脑筋的人，不适合心理不健全的人，不适合脑中充满一夜暴富奢望的人。以上所说的这些人如果贸然从事投机，那么就只能以一贫如洗告终。"对利弗摩尔来说，冷静的头脑是操作成功的关键素质，唯有如此才能不被希望或恐惧牵着鼻子走。

利弗摩尔认为以下三样特质不可或缺。

（1）控制情绪（控制影响每一位交易人的心理）。
（2）拥有经济学和景气状况基本面的知识（这是了解若干事件对市场和股价可能造成什么影响的必要智慧）。
（3）勇气（敢于放手让利润不断增加，不被一点点涨跌吓到）。

除此之外，投资者还应该学会全面观察市场；记住关键事件，以免重蹈覆辙；掌握涨跌的关键点位、股票公司的财务，交易人要了解数字和基本面；不断地从你的经验和错误中学习。

对此，利弗摩尔解释说：

"价格总是会沿着抵抗力最小的路线进行。如果上涨的阻力比下跌的阻力小，价格就会上涨，反之亦然……我只是去了解价格最可能移动的方向。我也用额外的测试，检讨我自己的交易，以便决定重要的心里时刻。在我开始操作之后，我是用观察价格行为的方式来做这一点。"

"观察、经验、记忆和数学——这些就是成功交易者必须依靠的事情。他不但必须观察精确，还要随时记住所观察到的一切。他不能赌不合理性或不能预期的事情……他必须始终根据可能性来下赌注——也就是尝试预测可能性。"

此外，利弗摩尔认为每天或者每个星期过度交易的投资者，更容易失败。操作股票要注意把握时机，不是每天过度交易就能获利的。有些时候，应该缩手不动，绝不操作。当市场缺乏大好机会，经常休息和度假是很明智的选择。因为在纷纭的市场中，有时退居场边当个旁观者，可以比日复一日不断观察小波动，更能看清重大的变化。

附录三
杰西·利弗摩尔投资语录

1. 一流的投机家们总是在等待，总是有耐心，等待着市场验证他们的判断。要记住，除非市场验证了你的看法，否则不要完全相信你的判断。

2. 在投机中，如果你想赚钱，就得买卖一开始就能够获得利润的商品或者股票。那些买进或卖出后就出现浮亏的东西说明你正在犯错，一般情况下，如果三天之内依然没有改善，立马抛掉它。

3. 绝不要平摊亏损，一定要牢牢记住这个原则。

4. 当市场进入到一个明显的趋势之后，它将一直沿着贯穿其整个趋势的特定路线而自动运行。

5. 当我看见一个危险信号的时候，我不会纠缠，我第一时间躲开！几天以后，如果一切看起来还不错，我就再回来。这样，我会省去很多麻烦，也会省很多钱。

6. 记住这一点：在你什么都不做的时候，那些觉得自己每天都必须买进卖出的投机者们正在为你的下一次投机打基础，你会从他们的错误中找到赚钱的机会。

7. 只要认识到趋势在什么地方出现，顺着潮流驾驭你的投机之舟，就能从中得到想要的利润。不要跟市场争论，最重要的是，不要跟市场争个高低。

8. 不管是在什么时候，我都会耐心地等待市场到达我认为的"关键点"，只有到了这个时候，我才开始进场交易，在我的操作中，只要坚持这样做，总能赚到钱。我是在一个趋势刚开始的心理时刻开始交易的，我不用担心亏钱，因为我恰好是在坚守的原则告诉我立刻采取行动的时候，果断进场开始跟进的。因此，我要做的就是，原地不动，静观市场按照它的行情发展。我知道，如果我这样做了，市场本身的表现会在恰当的时机给我发出让我获利平仓的信号。

9. 多年交易给我的训诫是，如果我不是在接近某个趋势的开始点才进场交易，我就绝不会从这个趋势中获取多少利润。

10. "罗马不是一天建成的"，真正重大的趋势不会在一天或一个星期就走完，它完成整个运动过程需要时间。重要的是，市场运动的很大部分是发生在整个运动过程的最后48小时之内，这段时间是进入市场或退出市场最重要的时机。

11. 利用"关键点"预测市场运动的时候，请务必记住一点，如果价格在超过或是跌破某个关键点位后，价格的运动不像它应该表现的那样，这就是一个应该引起你注意的危险信号。

12. 我相信很多操作者都有过相似的经历，从市场本身来看，似乎一切都充满了希望，然而就是此时此刻，微妙的内心世界已经闪起危险的信号，只有通过对市场长期研究和在市场上长期的摸爬滚打，才能慢慢培养出这种特殊的敏感。

13. 在进入交易之前，最重要的是最小阻力线是否和你的方向一致。

14. 当一个投机者能确定价格的关键点，并能解释它在那个点位上的表现时，他从一开始就胜券在握了。

15. 在心理上预测行情就行了，但一定不要轻举妄动，要等待，直到你从市场上得到证实你的判断是正确的信号，到了那个时候，而且只有到了那个时候，你才能用你的钱去进行交易。

16. 在长线交易中，除了知识以外，耐心比任何其他因素更为重要。实际上，耐心和知识是相辅相成的，那些想通过投机获得成功的人应该学会一个简单的道理：在你买入或是卖出之前，你必须仔细研究，确认是否是你进场的最好时机。只有这样，你才能保证你的头寸是正确的头寸。

17. 当股价从10 美元涨到50 美元，你不要急于卖出，而应该思考一下有没有进一步的理由促使它从50 美元涨到150 美元。

18. 市场只有一个方向，不是多头，也不是空头，而是做对的方向。

19. 时刻留意可能出现的危险信号。

20. 投机，天下最彻头彻尾充满魔力的游戏。但是这个游戏懒得动脑子的人不能玩，心理不健全的人不能玩，企图一夜暴富的冒险家不能玩，这些人一旦贸然卷入，终究要一贫如洗。

21. 华尔街永不改变，钱袋会变，投机者会变，股票会变，但华尔街永不改变，因为人性永不改变。

22. 一个人不能在同一件事上花几年工夫，还形不成正确的做事态度，正是这一点将专业人士与业余人士区分开来。